Cambridge Plain Texts

ADALBERT STIFTER
KALKSTEIN

T0346157

ADALBERT STIFTER

KALKSTEIN

TOGETHER WITH THE
PREFACE TO *BUNTE STEINE*

CAMBRIDGE
AT THE UNIVERSITY PRESS
1956

CAMBRIDGE UNIVERSITY PRESS
Cambridge, New York, Melbourne, Madrid, Cape Town,
Singapore, São Paulo, Delhi, Mexico City

Cambridge University Press
The Edinburgh Building, Cambridge CB2 8RU, UK

Published in the United States of America by Cambridge University Press, New York

www.cambridge.org
Information on this title: www.cambridge.org/9781107652514

First Edition 1951
Reprinted 1956
First published 1956
Re-issued 2013

A catalogue record for this publication is available from the British Library

ISBN 978-1-107-65251-4 Paperback

PREFACE

Bunte Steine was the title of Stifter's second collection of stories published in 1853. It embraces six stories, of which *Kalkstein* is the second, and all of them except one had appeared separately in various periodicals from 1843 onwards. The idea for the collection seems to date back to September 1848, and between then and September 1851 the five stories already published were rigorously revised and given new titles. Symbolic names of stones were substituted for the earlier titles and the new story added was called *Katzensilber*. Stifter described the collection as being intended for the delight and consideration of young people; but although children play a part in all the stories, this is something more than a collection of stories for children. The *Bunte Steine* embody Stifter's deepest thoughts on human responsibility and show him as a writer at the height of his powers.

The *Vorrede* to *Bunte Steine* is the fullest direct expression which Stifter gave to his views on life and his conception of art. The critic referred to anonymously in the opening sentence is Friedrich Hebbel. It was he who had asserted in a bitter epigram that Stifter depicted the small things in life because he had no understanding for the great. In this *Vorrede*, Stifter proclaims his belief in the preserving forces in nature as constituting true greatness. A striking parallel is drawn between those laws of external nature which work towards the preservation of the whole, and what Stifter calls "das sanfte Gesetz" in the life of men. "Das sanfte Gesetz" is present in all those aspects of human society, in all those facets of human conduct where steady, slow growth is apparent; in ordered existences, where nothing oversteps its limits because limitation is accepted as a necessary condition of existence, where violence is shunned, self-indulgence deprecated and moderation governs human exchanges. Only such a world can have lasting existence. And once this fact be realised, this humble, everyday world is seen to be full of beauty, poetry and greatness. It is clear that no artist could arrive at such a firm, secure declaration of faith unless he had known that other world of turmoil, violence and destruction. Violence—both in external nature and in human behaviour—is frequently described by Stifter, but it is always presented as something destructive and evil. Violence can never be an element of greatness, says Stifter; if a man is to be great, then he must learn to forswear violence, as Doctor Augustinus did in the story *Die Mappe meines Urgroßvaters*. The seeming calm of Stifter's world does not, then, imply escapism. His concentration on the seeming small cannot be interpreted as pettiness. His powerful absorption in the world of external nature does not mean that he was incapable of understanding and portraying human character. All these charges are unfounded, and the *Vorrede* to the *Bunte Steine* disposes of them all.

Kalkstein is one of his greatest achievements. Seeming small in subject and treatment, it nevertheless presents with great artistry and unfailing control of language a subject which Stifter would consider great. And although persuasive didacticism is not an element of his writing, it is clear that Stifter hopes that we may agree with his judgement. The life of this unpretentious country priest is governed by "das sanfte Gesetz". It is a life such as passes unnoticed in the records of human society. But must we accept this official judgement as true, asks Stifter? It is for

vi

you who read this story to give your answer. Whatever one may feel about its moral content, however, only the most insensitive of readers could fail to be moved by the delicacy, grace and dignity with which the story is told. The little love-story—recounted, characteristically enough, in retrospect and with extreme reticence—might so easily have become sentimental. But it does not. External nature becomes destructive at one point, and there is a suggestion of thoughtless selfishness on the part of the Wennerbauer—but the priest knows how to respond, and no judgement is passed on anyone. This is a world free from fuss, wrangling and incrimination, peopled by clear-sighted human beings with a sure sense of where their duty lies, who perform this duty unquestioningly, silently and energetically because they know instinctively the meaning and purpose of life. This world is described in language endowed with just these same characteristics: gentle, melodious, unsensational and yet sure of its aim and determined to get there. It is distinguished writing, scorning all that is cheap, noisy, garish or flamboyant, and sustained by intense artistic seriousness.

The text has been taken from the new Insel edition (1942), prepared by Max Stefl, which preserves characteristic Austrian forms in Stifter's language (e.g. verbal forms like *er kömmt*, nominative plurals *Sesseln* and *Bleistiften*, and a dative *jemanden*) and his own unusual but highly colourful use of the comma. Some misprints have been corrected (with the full agreement of Dr Stefl). The monstrous word *Verstandesgemäßigkeit*, which appears in some texts of the *Vorrede*, now proves (I am pleased to say) to be a well established misprint for *Verstandesgemäßheit* (p. xii in our edition). The text is reprinted here with the full consent of Dr Stefl and of the Inselverlag. A select bibliography of works on Stifter is contained in my study, *Adalbert Stifter* (Cambridge, 1948). The article by Robert Mühlher, "Natur und Mensch in Stifters *Bunte Steine*" in the periodical *Dichtung und Volkstum* for 1939, is especially recommended. More recently two stimulating articles by F. J. Stopp have appeared: "The Symbolism of Stifter's *Kalkstein*" (*German Life and Letters*, vol. VII, pp. 116-25, Oxford, 1953/4) and "Die Symbolik in Stifters Bunten Steinen" (*Deutsche Vierteljahrsschrift*, vol. 28, pp. 165-93, 1954). Both add greatly to our understanding of the work.

ERIC A. BLACKALL

BUNTE STEINE

VORREDE

Es ist einmal gegen mich bemerkt worden, daß
ich nur das Kleine bilde, und daß meine Menschen
stets gewöhnliche Menschen seien. Wenn das
wahr ist, bin ich heute in der Lage, den Lesern
ein noch Kleineres und Unbedeutenderes an-
zubieten, nämlich allerlei Spielereien für junge
Herzen. Es soll sogar in denselben nicht einmal
Tugend und Sitte geprediget werden, wie es
gebräuchlich ist, sondern sie sollen nur durch
das wirken, was sie sind. Wenn etwas Edles und
Gutes in mir ist, so wird es von selber in meinen
Schriften liegen; wenn aber dasselbe nicht in
meinem Gemüte ist, so werde ich mich vergeblich
bemühen, Hohes und Schönes darzustellen, es
wird doch immer das Niedrige und Unedle
durchscheinen. Großes oder Kleines zu bilden,
hatte ich bei meinen Schriften überhaupt nie im
Sinne, ich wurde von ganz anderen Gesetzen
geleitet. Die Kunst ist mir ein so Hohes und
Erhabenes, sie ist mir, wie ich schon einmal an
einem anderen Orte gesagt habe, nach der
Religion das Höchste auf Erden, so daß ich meine
Schriften nie für Dichtungen gehalten habe, noch
mich je vermessen werde, sie für Dichtungen zu
halten. Dichter gibt es sehr wenige auf der
Welt, sie sind die hohen Priester, sie sind die
Wohltäter des menschlichen Geschlechtes; falsche
Propheten aber gibt es sehr viele. Allein wenn
auch nicht jede gesprochenen Worte Dichtung
sein können, so können sie doch etwas anderes
sein, dem nicht alle Berechtigung des Daseins
abgeht. Gleichgestimmten Freunden eine ver-
gnügte Stunde zu machen, ihnen allen, bekannten

wie unbekannten, einen Gruß zu schicken, und
ein Körnlein Gutes zu dem Baue des Ewigen
beizutragen, das war die Absicht bei meinen
Schriften, und wird auch die Absicht bleiben.
Ich wäre sehr glücklich, wenn ich mit Gewißheit
wüßte, daß ich nur diese Absicht erreicht hätte.
Weil wir aber schon einmal von dem Großen
und Kleinen reden, so will ich meine Ansichten
darlegen, die wahrscheinlich von denen vieler
anderer Menschen abweichen. Das Wehen der
Luft, das Rieseln des Wassers, das Wachsen der
Getreide, das Wogen des Meeres, das Grünen
der Erde, das Glänzen des Himmels, das Schim-
mern der Gestirne halte ich für groß: das prächtig
einherziehende Gewitter, den Blitz, welcher
Häuser spaltet, den Sturm, der die Brandung
treibt, den feuerspeienden Berg, das Erdbeben,
welches Länder verschüttet, halte ich nicht für
größer als obige Erscheinungen, ja ich halte sie
für kleiner, weil sie nur Wirkungen viel höherer
Gesetze sind. Sie kommen auf einzelnen Stellen
vor, und sind die Ergebnisse einseitiger Ursachen.
Die Kraft, welche die Milch im Töpfchen der
armen Frau empor schwellen und übergehen
macht, ist es auch, die die Lava in dem feuerspeienden Berge empor treibt und auf den
Flächen der Berge hinab gleiten läßt. Nur
augenfälliger sind diese Erscheinungen und reißen
den Blick des Unkundigen und Unaufmerksamen
mehr an sich, während der Geisteszug des
Forschers vorzüglich auf das Ganze und Allgemeine geht und nur in ihm allein Großartigkeit
zu erkennen vermag, weil es allein das Welterhaltende ist. Die Einzelheiten gehen vorüber,
und ihre Wirkungen sind nach kurzem kaum noch
erkennbar. Wir wollen das Gesagte durch ein
Beispiel erläutern. Wenn ein Mann durch Jahre
hindurch die Magnetnadel, deren eine Spitze
immer nach Norden weist, tagtäglich zu fest-

gesetzten Stunden beobachtete und sich die Veränderungen, wie die Nadel bald mehr bald weniger klar nach Norden zeigt, in einem Buche aufschriebe, so würde gewiß ein Unkundiger dieses Beginnen für ein kleines und für Spielerei ansehen: aber wie ehrfurchterregend wird dieses Kleine und wie begeisterungerweckend diese Spielerei, wenn wir nun erfahren, daß diese Beobachtungen wirklich auf dem ganzen Erdboden angestellt werden, und daß aus den daraus zusammengestellten Tafeln ersichtlich wird, daß manche kleine Veränderungen an der Magnetnadel oft auf allen Punkten der Erde gleichzeitig und in gleichem Maße vor sich gehen, daß also ein magnetisches Gewitter über die ganze Erde geht, daß die ganze Erdoberfläche gleichzeitig gleichsam ein magnetisches Schauern empfindet. Wenn wir, so wie wir für das Licht die Augen haben, auch für die Elektrizität und den aus ihr kommenden Magnetismus ein Sinneswerkzeug hätten, welche große Welt, welche Fülle von unermeßlichen Erscheinungen würde uns da aufgetan sein. Wenn wir aber auch dieses leibliche Auge nicht haben, so haben wir dafür das geistige der Wissenschaft, und diese lehrt uns, daß die elektrische und magnetische Kraft auf einem ungeheuren Schauplatze wirke, daß sie auf der ganzen Erde und durch den ganzen Himmel verbreitet sei, daß sie alles umfließe und sanft und unablässig verändernd, bildend und lebenerzeugend sich darstelle. Der Blitz ist nur ein ganz kleines Merkmal dieser Kraft, sie selber aber ist ein Großes in der Natur. Weil aber die Wissenschaft nur Körnchen nach Körnchen erringt, nur Beobachtung nach Beobachtung macht, nur aus Einzelnem das Allgemeine zusammen trägt, und weil endlich die Menge der Erscheinungen und das Feld des Gegebenen unendlich groß ist, Gott also die Freude und die Glückseligkeit des Forschens

unversieglich gemacht hat, wir auch in unseren
Werkstätten immer nur das Einzelne darstellen
können, nie das Allgemeine, denn dies wäre die
Schöpfung: so ist auch die Geschichte des in
der Natur Großen in einer immerwährenden
Umwandlung der Ansichten über dieses Große
bestanden. Da die Menschen in der Kindheit
waren, ihr geistiges Auge von der Wissenschaft
noch nicht berührt war, wurden sie von dem
Nahestehenden und Auffälligen ergriffen und zu
Furcht und Bewunderung hingerissen: aber als
ihr Sinn geöffnet wurde, da der Blick sich auf den
Zusammenhang zu richten begann, so sanken die
einzelnen Erscheinungen immer tiefer, und es
erhob sich das Gesetz immer höher, die Wunder-
barkeiten hörten auf, das Wunder nahm zu.

So wie es in der äußeren Natur ist, so ist es auch
in der inneren, in der des menschlichen Geschlechtes. Ein ganzes Leben voll Gerechtigkeit,
Einfachheit, Bezwingung seiner selbst, Verstandesgemäßheit, Wirksamkeit in seinem Kreise,
Bewunderung des Schönen, verbunden mit einem
heiteren, gelassenen Sterben, halte ich für groß:
mächtige Bewegungen des Gemütes, furchtbar
einherrollenden Zorn, die Begier nach Rache,
den entzündeten Geist, der nach Tätigkeit strebt,
umreißt, ändert, zerstört, und in der Erregung
oft das eigene Leben hinwirft, halte ich nicht
für größer, sondern für kleiner, da diese Dinge so
gut nur Hervorbringungen einzelner und einseitiger Kräfte sind, wie Stürme, feuerspeiende
Berge, Erdbeben. Wir wollen das sanfte Gesetz
zu erblicken suchen, wodurch das menschliche
Geschlecht geleitet wird. Es gibt Kräfte, die nach
dem Bestehen des Einzelnen zielen. Sie nehmen
alles und verwenden es, was zum Bestehen und
zum Entwickeln desselben notwendig ist. Sie
sichern den Bestand des Einen und dadurch den
aller. Wenn aber jemand jedes Ding unbedingt

an sich reißt, was sein Wesen braucht, wenn er die Bedingungen des Daseins eines anderen zerstört, so ergrimmt etwas Höheres in uns, wir helfen dem Schwachen und Unterdrückten, wir stellen den Stand wieder her, daß er ein Mensch neben dem andern bestehe und seine menschliche Bahn gehen könne, und wenn wir das getan haben, so fühlen wir uns befriediget, wir fühlen uns noch viel höher und inniger, als wir uns als Einzelne fühlen, wir fühlen uns als ganze Menschheit. Es gibt daher Kräfte, die nach dem Bestehen der ganzen Menschheit hinwirken, die durch die Einzelkräfte nicht beschränkt werden dürfen, ja im Gegenteile beschränkend auf sie selber einwirken. Es ist das Gesetz dieser Kräfte, das Gesetz der Gerechtigkeit, das Gesetz der Sitte, das Gesetz, das will, daß jeder geachtet, geehrt, ungefährdet neben dem anderen bestehe, daß er seine höhere menschliche Laufbahn gehen könne, sich Liebe und Bewunderung seiner Mitmenschen erwerbe, daß er als Kleinod gehütet werde, wie jeder Mensch ein Kleinod für alle andern Menschen ist. Dieses Gesetz liegt überall, wo Menschen neben Menschen wohnen, und es zeigt sich, wenn Menschen gegen Menschen wirken. Es liegt in der Liebe der Ehegatten zu einander, in der Liebe der Eltern zu den Kindern, der Kinder zu den Eltern, in der Liebe der Geschwister, der Freunde zu einander, in der süßen Neigung beider Geschlechter, in der Arbeitsamkeit, wodurch wir erhalten werden, in der Tätigkeit, wodurch man für seinen Kreis, für die Ferne, für die Menschheit wirkt, und endlich in der Ordnung und Gestalt, womit ganze Gesellschaften und Staaten ihr Dasein umgeben und zum Abschlusse bringen. Darum haben alte und neue Dichter vielfach diese Gegenstände benützt, um ihre Dichtungen dem Mitgefühle naher und ferner Geschlechter anheim zu geben.

Darum sieht der Menschforscher, wohin er seinen Fuß setzt, überall nur dieses Gesetz allein, weil es das einzige Allgemeine, das einzige Erhaltende und nie Endende ist. Er sieht es eben so gut in der niedersten Hütte wie in dem höchsten Palaste, er sieht es in der Hingabe eines armen Weibes und in der ruhigen Todesverachtung des Helden für das Vaterland und die Menschheit. Es hat Bewegungen in dem menschlichen Geschlechte gegeben, wodurch den Gemütern eine Richtung nach einem Ziele hin eingeprägt worden ist, wodurch ganze Zeiträume auf die Dauer eine andere Gestalt gewonnen haben. Wenn in diesen Bewegungen das Gesetz der Gerechtigkeit und Sitte erkennbar ist, wenn sie von demselben eingeleitet und fortgeführt worden sind, so fühlen wir uns in der ganzen Menschheit erhoben, wir fühlen uns menschlich verallgemeinert, wir empfinden das Erhabene, wie es sich überall in die Seele senkt, wo durch unmeßbar große Kräfte in der Zeit oder im Raume auf ein gestaltvolles, vernunftgemäßes Ganzes zusammen gewirkt wird. Wenn aber in diesen Bewegungen das Gesetz des Rechtes und der Sitte nicht ersichtlich ist, wenn sie nach einseitigen und selbstsüchtigen Zwecken ringen, dann wendet sich der Menschenforscher, wie gewaltig und furchtbar sie auch sein mögen, mit Ekel von ihnen ab, und betrachtet sie als ein Kleines, als ein des Menschen Unwürdiges. So groß ist die Gewalt dieses Rechts-und Sittengesetzes, daß es überall, wo es immer bekämpft worden ist, doch endlich allezeit siegreich und herrlich aus dem Kampfe hervorgegangen ist. Ja wenn sogar der einzelne oder ganze Geschlechter für Recht und Sitte untergegangen sind, so fühlen wir sie nicht als besiegt, wir fühlen sie als triumphierend, in unser Mitleid mischt sich ein Jauchzen und Entzücken, weil das Ganze höher steht als der Teil, weil das

Gute größer ist als der Tod, wir sagen da, wir empfinden das Tragische, und werden mit Schauern in den reineren Äther des Sittengesetzes emporgehoben. Wenn wir die Menschheit in der Geschichte wie einen ruhigen Silberstrom einem großen, ewigen Ziele entgegen gehen sehen, so empfinden wir das Erhabene, das vorzugsweise Epische. Aber wie gewaltig und in großen Zügen auch das Tragische und Epische wirken, wie ausgezeichnete Hebel sie auch in der Kunst sind, so sind es hauptsächlich doch immer die gewöhnlichen, alltäglichen, in Unzahl wiederkehrenden Handlungen der Menschen, in denen dieses Gesetz am sichersten als Schwerpunkt liegt, weil diese Handlungen die dauernden, die gründenden sind, gleichsam die Millionen Wurzelfasern des Baumes des Lebens. So wie in der Natur die allgemeinen Gesetze still und unaufhörlich wirken, und das Auffällige nur eine einzelne Äußerung dieser Gesetze ist, so wirkt das Sittengesetz still und seelenbelebend durch den unendlichen Verkehr der Menschen mit Menschen, und die Wunder des Augenblickes bei vorgefallenen Taten sind nur kleine Merkmale dieser allgemeinen Kraft. So ist dieses Gesetz, so wie das der Natur das welterhaltende ist, das menschenerhaltende.

Wie in der Geschichte der Natur die Ansichten über das Große sich stets geändert haben, so ist es auch in der sittlichen Geschichte der Menschen gewesen. Anfangs wurden sie von dem Nächstliegenden berührt, körperliche Stärke und ihre Siege im Ringkampfe wurden gepriesen, dann kamen Tapferkeit und Kriegesmut, dahin zielend, heftige Empfindungen und Leidenschaften gegen feindselige Haufen und Verbindungen auszudrücken und auszuführen, dann wurde Stammeshoheit und Familienherrschaft besungen, inzwischen auch Schönheit und Liebe so wie

Freundschaft und Aufopferung gefeiert, dann aber erschien ein Überblick über ein Größeres: ganze menschliche Abteilungen und Verhältnisse wurden geordnet, das Recht des Ganzen vereint mit dem des Teiles, und Großmut gegen den Feind und Unterdrückung seiner Empfindungen und Leidenschaften zum Besten der Gerechtigkeit hoch und herrlich gehalten, wie ja Mäßigung schon den Alten als die erste männliche Tugend galt, und endlich wurde ein völkerumschlingendes Band als ein Wünschenswertes gedacht, ein Band, das alle Gaben des einen Volkes mit denen des andern vertauscht, die Wissenschaft fördert, ihre Schätze für alle Menschen darlegt, und in der Kunst und Religion zu dem einfach Hohen und Himmlischen leitet.

Wie es mit dem Aufwärtssteigen des menschlichen Geschlechtes ist, so ist es auch mit seinem Abwärtssteigen. Untergehenden Völkern verschwindet zuerst das Maß. Sie gehen nach Einzelnem aus, sie werfen sich mit kurzem Blicke auf das Beschränkte und Unbedeutende, sie setzen das Bedingte über das Allgemeine; dann suchen sie den Genuß und das Sinnliche, sie suchen Befriedigung ihres Hasses und Neides gegen den Nachbar, in ihrer Kunst wird das Einseitige geschildert, das nur von einem Standpunkte Gültige, dann das Zerfahrene, Unstimmende, Abenteuerliche, endlich das Sinnenreizende, Aufregende und zuletzt die Unsitte und das Laster, in der Religion sinkt das Innere zur bloßen Gestalt oder zur üppigen Schwärmerei herab, der Unterschied zwischen Gut und Böse verliert sich, der Einzelne verachtet das Ganze und geht seiner Lust und seinem Verderben nach, und so wird das Volk eine Beute seiner inneren Zerwirrung oder die eines äußeren, wilderen, aber kräftigeren Feindes. — —

Da ich in dieser Vorrede in meinen Ansichten über Großes und Kleines so weit gegangen bin, so sei es mir auch erlaubt zu sagen, daß ich in der Geschichte des menschlichen Geschlechtes manche Erfahrungen zu sammeln bemüht gewesen bin, und daß ich einzelnes aus diesen Erfahrungen zu dichtenden Versuchen zusammengestellt habe; aber meine eben entwickelten Ansichten und die Erlebnisse der letztvergangenen Jahre lehrten mich, meiner Kraft zu mißtrauen, daher jene Versuche liegen bleiben mögen, bis sie besser ausgearbeitet oder als unerheblich vernichtet werden.

Diejenigen aber, die mir durch diese keineswegs für junge Zuhörer passende Vorrede gefolgt sind, mögen es auch nicht verschmähen, die Hervorbringungen bescheidenerer Kräfte zu genießen, und mit mir zu den harmlosen folgenden Dingen übergehen.

ADALBERT STIFTER

Im Herbste 1852

KALKSTEIN

Ich erzähle hier eine Geschichte, die uns einmal
ein Freund erzählt hat, in der nichts Unge-
wöhnliches vorkömmt, und die ich doch nicht
habe vergessen können. Unter zehn Zuhörern
werden neun den Mann, der in der Geschichte
vorkömmt, tadeln, der zehnte wird oft an ihn
denken. Die Gelegenheit zu der Geschichte kam
von einem Streite, der sich in der Gesellschaft
von uns Freunden darüber entspann, wie die
Geistesgaben an einem Menschen verteilt sein
können. Einige behaupteten, es könne ein Mensch
mit einer gewissen Gabe außerordentlich bedacht
sein, und die andern doch nur in einem geringen
Maße besitzen. Man wies dabei auf die sogenann-
ten Virtuosen hin. Andere sagten, die Gaben der
Seele seien immer im gleichen Maße vorhanden,
entweder alle gleich groß oder gleich mittelmäßig
oder gleich klein, nur hänge es von dem Geschicke
ab, welche Gabe vorzüglich ausgebildet wurde,
und dies rufe den Anschein einer Ungleichheit
hervor. Raphael hätte unter andern Jugendein-
drücken und Zeitverhältnissen statt eines großen
Malers ein großer Feldherr werden können.
Wieder andere meinten, wo die Vernunft als das
übersinnliche Vermögen und als das höchste
Vermögen des Menschen überhaupt in großer
Fülle vorhanden sei, da seien es auch die übrigen
untergeordneten Fähigkeiten. Das Umgekehrte
gelte jedoch nicht; es könne eine niedere Fähigkeit besonders hervorragen, die höhern aber nicht.
Wohl aber, wenn was immer für eine Begabung,
sie sei selber hoch oder niedrig, bedeutend ist,
müssen es auch die ihr untergeordneten sein.
Als Grund gaben sie an, daß die niedere Fähigkeit
immer die Dienerin der höhern sei, und daß es ein

Widersinn wäre, die höhere, gebietende Gabe zu besitzen und die niedere, dienende nicht. Endlich waren noch einige, die sagten, Gott habe die Menschen erschaffen, wie er sie erschaffen habe, man könne nicht wissen, wie er die Gaben verteilt habe, und könne darüber nicht hadern, weil es ungewiß sei, was in der Zukunft in dieser Beziehung noch zum Vorschein kommen könne. Da erzählte mein Freund seine Geschichte.

Ihr wißt alle, sagte er, daß ich mich schon seit vielen Jahren mit der Meßkunst beschäftige, daß ich in Staatsdiensten bin, und daß ich mit Aufträgen dieser Art von der Regierung bald hierhin, bald dorthin gesendet wurde. Da habe ich verschiedene Landesteile und verschiedene Menschen kennen gelernt. Einmal war ich in der kleinen Stadt Wengen, und hatte die Aussicht, noch recht lange dort bleiben zu müssen, weil sich die Geschäfte in die Länge zogen, und noch dazu mehrten. Da kam ich öfter in das nahe gelegene Dorf Schauendorf, und lernte dessen Pfarrer kennen, einen vortrefflichen Mann, der die Obstbaumzucht eingeführt, und gemacht hatte, daß das Dorf, das früher mit Hecken, Dickicht und Geniste umgeben war, jetzt einem Garten glich, und in einer Fülle freundlicher Obstbäume da lag. Einmal war ich von ihm zu einer Kirchenfeierlichkeit geladen, und ich sagte, daß ich später kommen würde, da ich einige notwendige Arbeiten abzutun hätte. Als ich mit meinen Arbeiten fertig war, begab ich mich auf den Weg nach Schauendorf. Ich ging über die Feldhöhen hin, ich ging durch die Obstbäume, und da ich mich dem Pfarrhofe näherte, sah ich, daß das Mittagsmahl bereits begonnen haben müsse. In dem Garten, der wie bei vielen katholischen Pfarrhöfen vor dem Hause lag, war kein Mensch, die gegen den Garten gehenden Fenster waren offen, in der Küche, in die mir ein Einblick gegönnt

2

war, waren die Mägde um das Feuer vollauf beschäftigt, und aus der Stube drang einzelnes Klappern der Teller und Klirren der Eßgeräte. Da ich eintrat, sah ich die Gäste um den Tisch sitzen, und ein unberührtes Gedecke für mich aufbewahrt. Der Pfarrer führte mich zu demselben hin, und nötigte mich zum Sitzen. Er sagte, er wolle mir die anwesenden Mitglieder nicht vorstellen und ihren Namen nicht nennen, einige seien mir ohnehin bekannt, andere würde ich im Verlaufe des Essens schon kennen lernen, und die übrigen würde er mir, wenn wir aufgestanden wären, nennen. Ich setzte mich also nieder, und was der Pfarrer vorausgesagt hatte, geschah. Ich wurde mit manchem Anwesenden bekannt, von manchem erfuhr ich Namen und Verhältnisse, und da die Gerichte sich ablöseten, und der Wein die Zungen öffnete, war manche junge Bekanntschaft schon wie eine alte. Nur ein einziger Gast war nicht zu erkennen. Lächelnd und freundlich saß er da, er hörte aufmerksam alles an, er wandte immer das Angesicht der Gegend, wo eifrig gesprochen wurde, zu, als ob ihn eine Pflicht dazu antriebe, seine Mienen gaben allen Redenden recht, und wenn an einem andern Orte das Gespräch wieder lebhafter wurde, wandte er sich dorthin, und hörte zu. Selber aber sprach er kein Wort. Er saß ziemlich weit unten, und seine schwarze Gestalt ragte über das weiße Linnengedecke der Tafel empor, und obwohl er nicht groß war, so richtete er sich nie vollends auf, als hielte er das für unschicklich. Er hatte den Anzug eines armen Landgeistlichen. Sein Rock war sehr abgetragen, die Fäden waren daran sichtbar, er glänzte an manchen Stellen, und an andern hatte er die schwarze Farbe verloren und war rötlich oder fahl. Die Knöpfe daran waren von starkem Bein. Die schwarze Weste war sehr lang, und hatte ebenfalls beinerne Knöpfe. Die zwei

3

winzig kleinen Läppchen von weißer Farbe — das
einzige Weiße, das er an sich hatte —, die über
sein schwarzes Halstuch herabgingen, bezeugten
seine Würde. Bei den Ärmeln gingen, wie er so
saß, manchmal ein ganz klein wenig eine Art
Handkrausen hervor, die er immer bemüht war
wieder heimlich zurück zu schieben. Vielleicht
waren sie in einem Zustande, daß er sich ihrer ein
wenig hätte schämen müssen. Ich sah, daß er von
keiner Speise viel nahm und dem Aufwärter, der
sie darreichte, immer höflich dankte. Als der
Nachtisch kam, nippte er kaum von dem besseren
Weine, nahm von dem Zuckerwerke nur kleine
Stückchen, und legte nichts auf seinen Teller
heraus, wie doch die andern taten, um nach der
Sitte ihren Angehörigen eine kleine Erinnerung zu
bringen.

Dieser Eigenheiten willen fiel mir der Mann auf.

Als das Mahl vorüber war, und die Gäste sich
erhoben hatten, konnte ich auch den übrigen Teil
seines Körpers betrachten. Die Beinkleider waren
von demselben Stoffe und in demselben Zustande
wie der Rock, sie reichten bis unter die Knie, und
waren dort durch Schnallen zusammen gehalten.
Dann folgten schwarze Strümpfe, die aber fast
grau waren. Die Füße standen in weiten Schuhen,
die große Schnallen hatten. Sie waren von starkem
Leder, und hatten dicke Sohlen. So angezogen
stand der Mann, als sich Gruppen zu Gesprächen
gebildet hatten, fast allein da, und sein Rücken
berührte beinahe den Fensterpfeiler. Sein körper-
liches Aussehen stimmte zu seinem Anzuge. Er
hatte ein längliches, sanftes, fast eingeschüchtertes
Angesicht mit sehr schönen, klaren blauen Augen.
Die braunen Haare gingen schlicht gegen hinten
zusammen, es zogen sich schon weiße Fäden durch
sie, die anzeigten, daß er sich bereits den fünfzig
Jahren nähere, oder daß er Sorge und Kummer
gehabt haben müsse.

Nach kurzer Zeit suchte er aus einem Winkel ein spanisches Rohr hervor, das einen schwarzen Beinknopf hatte, wie die an seinen Kleidern waren, näherte sich dem Hausherrn, und begann Abschied zu nehmen. Der Hausherr fragte ihn, ob er denn schon gehen wolle, worauf er antwortete, es sei für ihn schon Zeit, er habe vier Stunden nach seinem Pfarrhofe zu gehen, und seine Füße seien nicht mehr so gut wie in jüngeren Jahren. Der Pfarrer hielt ihn nicht auf. Er empfahl sich allseitig, ging zur Tür hinaus, und gleich darauf sahen wir ihn durch die Kornfelder dahin wandeln, den Hügel, der das Dorf gegen Sonnenuntergang begrenzte, hinan steigen und dort gleichsam in die glänzende Nachmittagsluft verschwinden.

Ich fragte, wer der Mann wäre, und erfuhr, daß er in einer armen Gegend Pfarrer sei, daß er schon sehr lange dort sei, daß er nicht weg verlange, und daß er selten das Haus verlasse, außer bei einer sehr dringenden Veranlassung. —

Es waren seit jenem Gastmahle viele Jahre vergangen, und ich hatte den Mann vollständig vergessen, als mich mein Beruf einmal in eine fürchterliche Gegend rief. Nicht daß Wildnisse, Schlünde, Abgründe, Felsen und stürzende Wässer dort gewesen wären — das alles zieht mich eigentlich an —, sondern es waren nur sehr viele kleine Hügel da, jeder Hügel bestand aus nacktem grauem Kalksteine, der aber nicht, wie es oft bei diesem Gesteine der Fall ist, zerrissen war oder steil abfiel, sondern in rundlichen, breiten Gestalten auseinander ging, und an seinem Fuß eine lange gestreckte Sandbank um sich herum hatte. Durch diese Hügel ging in großen Windungen ein kleiner Fluß namens Zirder. Das Wasser des Flusses, das in der grauen und gelben Farbe des Steines und Sandes durch den Widerschein des Himmels oft dunkelblau erschien, dann

5

die schmalen grünen Streifen, die oft am Saume des Wassers hingingen, und die andern einzelnen Rasenflecke, die in dem Gesteine hie und da lagen, bildeten die ganze Abwechslung und Erquickung in dieser Gegend.

Ich wohnte in einem Gasthofe, der in einem etwas besseren und darum sehr entfernten Teile der Gegend lag. Es ging dort eine Straße über eine Anhöhe, und führte, wie das in manchen Gegenden der Fall ist, den Namen Hochstraße, welchen Namen auch der Gasthof hatte. Um nicht durch Hin- und Hergehen zu viele Zeit zu verlieren, nahm ich mir immer kalte Speisen und Wein auf meinen Arbeitsplatz mit, und aß erst am Abende mein Mittagsmahl. Einige meiner Leute wohnten auch in dem Gasthofe, die andern richteten sich ein, wie es ging, und bauten sich kleine hölzerne Hüttchen in dem Steinlande.

Die Gegend namens Steinkar, obwohl sie im Grunde nicht außerordentlich abgelegen ist, wird doch wenigen Menschen bekannt sein, weil keine Veranlassung ist, dorthin zu reisen.

Eines Abends, als ich von meinen Arbeiten allein nach Hause ging, weil ich meine Leute vorausgeschickt hatte, sah ich meinen armen Pfarrer auf einem Sandhaufen sitzen. Er hatte seine großen Schuhe fast in den Sand vergraben, und auf den Schößen seines Rockes lag Sand. Ich erkannte ihn in dem Augenblicke. Er war ungefähr so gekleidet wie damals, als ich ihn zum ersten Male gesehen hatte. Seine Haare waren jetzt viel grauer, als hätten sie sich beeilt, diese Farbe anzunehmen, sein längliches Angesicht hatte deutliche Falten bekommen, und nur die Augen waren blau und klar wie früher. An seiner Seite lehnte das Rohr mit dem schwarzen Beinknopfe.

Ich hielt in meinem Gange inne, trat näher zu ihm, und grüßte ihn.

Er hatte keinen Gruß erwartet, daher stand er eilfertig auf und bedankte sich. In seinen Mienen war keine Spur vorhanden, daß er mich erkenne; es konnte auch nicht sein; denn bei jenem Gastmahle hat er mich gewiß viel weniger betrachtet als ich ihn. Er blieb nur so vor mir stehen, und sah mich an. Ich sagte daher, um ein Gespräch einzuleiten: "Euer Ehrwürden werden mich nicht mehr kennen."

"Ich bin nicht der Ehre teilhaftig", antwortete er.

"Aber ich habe die Ehre gehabt," sagte ich, auf den Ton seiner Höflichkeit eingehend, "mit Euer Ehrwürden an ein und derselben Tafel zu speisen."

"Ich kann mich nicht mehr erinnern", erwiderte er.

"Euer Ehrwürden sind doch derselbe Mann," sagte ich, "der einmal vor mehreren Jahren auf einem Kirchenfeste bei dem Pfarrer zu Schauendorf war, und nach dem Speisen der erste fortging, weil er, wie er sagte, vier Stunden bis zu seinem Pfarrhofe zu gehen hätte?"

"Ja, ich bin derselbe Mann," antwortete er, "ich bin vor acht Jahren zu der hundertjährigen Jubelfeier der Kircheneinweihung nach Schauendorf gegangen, weil es sich gebührt hat, ich bin bei dem Mittagsessen geblieben, weil mich der Pfarrer eingeladen hat, und bin der erste nach dem Essen fortgegangen, weil ich vier Stunden nach Hause zurück zu legen hatte. Ich bin seither nicht mehr nach Schauendorf gekommen."

"Nun, an jener Tafel bin ich auch gesessen," sagte ich, "und habe Euer Ehrwürden heute sogleich erkannt."

"Das ist zu verwundern — nach so vielen Jahren", sagte er.

"Mein Beruf bringt es mit sich," erwiderte ich, "daß ich mit vielen Menschen verkehre, und sie mir merke, und da habe ich denn im Merken eine solche Fertigkeit erlangt, daß ich auch Menschen wieder erkenne, die ich vor Jahren und auch nur ein einziges Mal gesehen habe. Und in dieser abscheulichen Gegend haben wir uns wieder gefunden."

"Sie ist, wie sie Gott erschaffen hat," antwortete er, "es wachsen hier nicht so viele Bäume wie in Schauendorf, aber manches Mal ist sie auch schön, und zuweilen ist sie schöner als alle andern in der Welt."

Ich fragte ihn, ob er in der Gegend ansässig sei, und er antwortete, daß er siebenundzwanzig Jahre Pfarrer in dem Kar sei. Ich erzählte ihm, daß ich hieher gesendet worden sei, um die Gegend zu vermessen, daß ich die Hügel und Täler aufnehme, um sie auf dem Papier verkleinert darzustellen, und daß ich in der Hochstraße draußen wohne. Als ich ihn fragte, ob er oft hieher komme, er- widerte er: "Ich gehe gerne heraus, um meine Füße zu üben, und sitze dann auf einem Stein, um die Dinge zu betrachten."

Wir waren während dieses Gespräches ins Gehen gekommen, er ging an meiner Seite, und wir redeten noch von manchen gleichgültigen Dingen, vom Wetter, von der Jahreszeit, wie diese Steine besonders geeignet seien, die Sonnen- strahlen einzusaugen, und von anderem.

Waren seine Kleider schon bei jenem Gast- mahle schlecht gewesen, so waren sie jetzt wo möglich noch schlechter. Ich konnte mich nicht erinnern, seinen Hut damals gesehen zu haben, jetzt aber mußte ich wiederholt auf ihn hin blicken; denn es war nicht ein einziges Härchen auf ihm.

Als wir an die Stelle gelangt waren, wo sein Weg sich von dem meinigen trennte und zu seinem Pfarrhofe in das Kar hinab führte, nahmen wir Abschied, und sprachen die Hoffnung aus, daß wir uns nun öfter treffen würden.

8

Ich ging auf meinem Wege nach der Hochstraße dahin, und dachte immer an den Pfarrer. Die ungemeine Armut, wie ich sie noch niemals bei einem Menschen oberhalb des Bettlerstandes angetroffen habe, namentlich nicht bei solchen, die andern als Muster der Reinlichkeit und Ordnung vorzuleuchten haben, schwebte mir beständig vor. Zwar war der Pfarrer beinahe ängstlich reinlich, aber gerade diese Reinlichkeit hob die Armut noch peinlicher hervor, und zeigte die Lockerheit der Fäden, das Unhaltbare und Wesenlose dieser Kleidung. Ich sah noch auf die Hügel, welche nur mit Stein bedeckt waren, ich sah noch auf die Täler, in welchen sich nur die langen Sandbänke dahin zogen, und ging dann in meinen Gasthof, um den Ziegenbraten zu verzehren, den sie mir dort öfter vorsetzten.

Ich fragte nicht nach dem Pfarrer, um keine rohe Antwort zu bekommen.

Von nun an kam ich öfter mit dem Pfarrer zusammen. Da ich den ganzen Tag in dem Steinkar war, und abends noch öfter in demselben herum schlenderte, um verschiedene Richtungen und Abteilungen kennen zu lernen, da er auch zuweilen herauskam, so konnte es nicht fehlen, daß wir uns trafen. Wir kamen auch einige Male zu Gesprächen. Er schien nicht ungerne mit mir zusammen zu treffen, und ich sah es auch gerne, wenn ich mit ihm zusammen kam. Wir gingen später öfter mit einander in den Steinen herum, oder saßen auf einem und betrachteten die andern. Er zeigte mir manches Tierchen, manche Pflanze, die der Gegend eigentümlich waren, er zeigte mir die Besonderheiten der Gegend, und machte mich auf die Verschiedenheiten mancher Steinhügel aufmerksam, die der sorgfältigste Beobachter für ganz gleich gebildet angesehen haben würde. Ich erzählte ihm von meinen Reisen, zeigte ihm unsere Werkzeuge, und erklärte ihm bei

9

Gelegenheit unserer Arbeiten manchmal deren Gebrauch.

Ich kam nach der Zeit auch einige Male mit ihm in seinen Pfarrhof hinunter. Wo das stärkste Gestein sich ein wenig auflöset, gingen wir über eine sanftere Abdachung gegen das Kar hinab. An dem Rande der Gesteine lag eine Wiese, es standen mehrere Bäume darauf, unter ihnen eine schöne, große Linde, und hinter der Linde stand der Pfarrhof. Er war damals ein weißes Gebäude mit einem Stockwerke, das sich von dem freundlicheren Grün der Wiese, von den Bäumen und von dem Grau der Steine schön abhob. Das Dach war mit Schindeln gedeckt. Die Dachfenster waren mit Türchen versehen, und die Fenster des Hauses waren mit grünen Flügelbalken zu schließen. Weiter zurück, wo die Landschaft einen Winkel macht, stand gleichsam in die Felsen versteckt die Kirche mit dem rot angestrichenen Kirchturmdache. In einem anderen Teile des Kar stand in einem dürftigen Garten die Schule. Diese drei einzigen Gebäude waren das ganze Kar. Die übrigen Behausungen waren in der Gegend zerstreut. An manchem Stein gleichsam angeklebt lag eine Hütte mit einem Gärtchen mit Kartoffeln oder Ziegenfutter. Weit draußen gegen das Land hin lag auch ein fruchtbarerer Teil, der zu der Gemeinde gehörte, und der auch Acker-, Wiesen- und Kleegrund hatte.

Im Angesichte der Fenster des Pfarrhofes ging am Rande der Wiese die Zirder vorüber, und über den Fluß führte ein hoher Steg, der sich gegen die Wiese herab senkte. Die Wiesenfläche war nicht viel höher als das Flußbett. Dieses Bild des hohen Steges über den einsamen Fluß war nebst der Steingegend das einzige, das man von dem Pfarrhofe sehen konnte.

Wenn ich mit dem Pfarrer in sein Haus ging, führte er mich nie in das obere Stockwerk, sondern er geleitete mich stets durch ein geräumiges Vorhaus in ein kleines Stüblein. Das Vorhaus war ganz leer, nur in einer Mauervertiefung, die sehr breit, aber seicht war, stand eine lange hölzerne Bank. Auf der Bank lag immer, so oft ich den Pfarrhof besuchte, eine Bibel, ein großes, in starkes Leder gebundenes Buch. In dem Stüblein war nur ein weicher, unangestrichener Tisch, um ihn einige Sesseln derselben Art, dann an der Wand eine hölzerne Bank und zwei gelb-angestrichene Schreine. Sonst war nichts vorhanden, man müßte nur ein kleines, sehr schön aus Birnholz geschnitztes mittelalterliches Kruzifix hieher rechnen, das über dem ebenfalls kleinen Weihbrunnenkessel an dem Türpfosten hing.

Bei diesen Besuchen machte ich eine seltsame Entdeckung. Ich hatte schon in Schauendorf bemerkt, daß der arme Pfarrer immer heimlich die Handkrausen seines Hemdes in die Rock-ärmel zurück schiebe, als hätte er sich ihrer zu schämen. Dasselbe tat er auch jetzt immer. Ich machte daher genauere Beobachtungen, und kam darauf, daß er sich seiner Handkrausen keineswegs zu schämen habe, sondern daß er, wie mich auch andere Einblicke in seine Kleidung belehrten, die feinste und schönste Wäsche trug, welche ich jemals auf Erden gesehen hatte. Diese Wäsche war auch immer in der untadelhaftesten Weiße und Reinheit, wie man es nach dem Zustande seiner Kleider nie vermutet hätte. Er mußte also auf die Besorgung dieses Teiles die größte Sorgfalt verwenden. Da er nie davon sprach, schwieg ich auch darüber, wie sich wohl von selber versteht.

Unter diesem Verkehre ging ein Teil des Sommers dahin.

Eines Tages war in den Steinen eine besondere Hitze. Die Sonne hatte zwar den ganzen Tag nicht ausgeschienen, aber dennoch hatte sie den matten Schleier, der den ganzen Himmel bedeckte,

so weit durchdrungen, daß man ihr blasses Bild
immer sehen konnte, daß um alle Gegenstände des
Steinlandes ein wesenloses Licht lag, dem kein
Schatten beigegeben war, und daß die Blätter der
wenigen Gewächse, die zu sehen waren, herab
hingen; denn obgleich kaum ein halbes Sonnen
licht durch die Nebelschichte der Kuppel drang,
war doch eine Hitze, als wären drei Tropensonnen
an heiterem Himmel, und brennten alle drei
nieder. Wir hatten sehr viel gelitten, so daß ich
meine Leute kurz nach zwei Uhr entließ. Ich
setzte mich unter einen Steinüberhang, der eine
Art Höhle bildete, in welcher es bedeutend kühler
war als draußen in der freien Luft. Ich verzehrte
dort mein Mittagmahl, trank meinen eingekühlten
Wein, und las dann. Gegen Abend wurde die
Wolkenschichte nicht zerrissen, wie es doch an
solchen Tagen sehr häufig geschieht, sie wurde
auch nicht dichter, sondern lag in derselben
gleichmäßigen Art wie den ganzen Tag über den
Himmel. Ich ging daher sehr spät aus der Höhle;
denn so wie die Schleierdecke am Himmel sich
nicht geändert hatte, so war die Hitze auch kaum
minder geworden, und man hatte in der Nacht
keinen Tau zu erwarten. Ich wandelte sehr
langsam durch die Hügel dahin, da sah ich den
Pfarrer in den Sandlehnen daher kommen und
den Himmel betrachten. Wir näherten uns, und
grüßten uns. Er fragte mich, wo wir heute
gearbeitet hätten, und ich sagte es ihm. Ich
erzählte ihm auch, daß ich in der Höhle gelesen
habe, und zeigte ihm das Buch. Hierauf gingen
wir mit einander in dem Sande weiter.

Nach einer Weile sagte er: "Es wird nicht mehr
möglich sein, daß Sie die Hochstraße erreichen."

"Wie so?" fragte ich.

"Weil das Gewitter ausbrechen wird", antwortete er.

Ich sah nach dem Himmel. Die Wolkendecke

war eher dichter geworden, und auf allen kahlen Steinflächen, die wir sehen konnten, lag ein sehr sonderbares bleifarbenes Licht.

"Daß ein Gewitter kommen wird," sagte ich, "war wohl den ganzen Tag zu erwarten, allein wie bald die Dunstschichte sich verdichten, erkühlen, den Wind und die Elektrizität erzeugen und sich herabschütten wird, kann man, glaube ich, nicht ermessen."

"Man kann es wohl nicht genau sagen," antwortete er, "allein ich habe siebenundzwanzig Jahre in der Gegend gelebt, habe Erfahrungen gesammelt, und nach ihnen wird das Gewitter eher ausbrechen, als man denkt, und wird sehr stark sein. Ich glaube daher, daß es das Beste wäre, wenn Sie mit mir in meinen Pfarrhof gingen und die Nacht dort zubrächten. Der Pfarrhof ist so nahe, daß wir ihn noch leicht erreichen, wenn wir auch das Gewitter schon deutlich an dem Himmel sehen, dort sind Sie sicher, und können morgen an Ihre Geschäfte gehen, sobald es Ihnen beliebt."

Ich erwiderte, daß es deßohnerachtet nicht unmöglich sei, daß aus der Dunstschichte sich auch nur ein Landregen entwickle. In diesem Falle sei ich geborgen; ich habe ein Mäntelchen aus Wachstaffet bei mir, das dürfe ich nur aus der Tasche ziehen und umhängen, und der Regen könne mir nichts anhaben. Ja, wenn ich auch ohne diesen Schutz wäre, so sei ich in meinem Amte schon so oft vom Regen durchnäßt worden, daß ich, um ein derartiges Ereignis zu vermeiden, nicht jemanden zur Last sein und Unordnung in sein Hauswesen bringen möchte. Sollte aber wirklich ein Gewitter bevorstehen, das Platzregen oder Hagel oder gar einen Wolkenbruch bringen könnte, dann nähme ich sein Anerbieten dankbar an, und bitte um einen Unterstand für die Nacht, aber ich mache die Bedingung, daß es wirklich

13

nichts weiter sei als ein Unterstand, daß er sich
in seinem Hause nicht beirren lasse, und sich
weiter keine Last auferlege, als daß er mir ein
Plätzchen unter Dach und Fach gäbe; denn ich
bedürfe nichts als ein solches Plätzchen. Übrigens
führe unser Weg noch ein gutes Stück auf demselben gemeinschaftlichen Pfade fort, da könnten
wir die Frage verschieben, indessen den Himmel
betrachten, und zuletzt nach der Gestalt der
Sache entscheiden.

Er willigte ein, und sagte, daß, wenn ich bei
ihm bliebe, ich nicht zu fürchten hätte, daß er
sich eine Last auflege, ich wisse, daß es bei ihm
einfach sei, und es werde keine andere Anstalt
gemacht werden, als die notwendig sei, daß ich
die Nacht bei ihm zubringen könnte.

Nachdem wir diesen Vertrag geschlossen hatten,
gingen wir auf unserem Wege weiter. Wir gingen
sehr langsam, teils der Hitze wegen, teils weil es
von jeher schon so unsere Gewohnheit war.

Plötzlich flog ein schwacher Schein um uns,
unter dem die Felsen erröteten.

Es war der erste Blitz gewesen, der aber stumm
war, und dem kein Donner folgte.

Wir gingen weiter. Nach einer Weile folgten
mehrere Blitze, und da der Abend bereits ziemlich
dunkel geworden war, und da die Wolkenschichte
auch einen dämmernden Einfluß ausübte, stand
unter jedem Blitze der Kalkstein in rosenroter
Farbe vor uns.

Als wir zu der Stelle gelangt waren, an welcher
unsere Wege sich teilten, blieb der Pfarrer stehen,
und sah mich an. Ich gab zu, daß ein Gewitter
komme, und sagte, daß ich mit ihm in seinen
Pfarrhof gehen wolle.

Wir schlugen also den Weg in das Kar ein, und
gingen über den sanften Steinabhang in die
Wiese hinunter.

Als wir bei dem Pfarrhofe angelangt waren,

setzten wir uns noch ein wenig auf das hölzerne Bänklein, das vor dem Hause stand. Das Gewitter hatte sich nun vollständig entwickelt, und stand als dunkle Mauer an dem Himmel. Nach einer Weile entstanden auf der gleichmäßigen dunkelfarbigen Gewitterwand weiße, laufende Nebel, die in langen, wulstigen Streifen die untern Teile der Wolkenwand säumten. Dort war also vielleicht schon Sturm, während bei uns sich noch kein Gräschen und kein Laub rührte. Solche laufende, gedunsene Nebel sind bei Gewittern oft schlimme Anzeichen, sie verkünden immer Windausbrüche, oft Hagel und Wasserstürze. Den Blitzen folgten nun auch schon deutliche Donner.

Endlich gingen wir in das Haus.

Der Pfarrer sagte, daß es seine Gewohnheit sei, bei nächtlichen Gewittern ein Kerzenlicht auf den Tisch zu stellen, und bei dem Lichte ruhig sitzen zu bleiben, so lange das Gewitter dauere. Bei Tage sitze er ohne Licht bei dem Tische. Er fragte mich, ob er auch heute seiner Sitte treu bleiben dürfe. Ich erinnerte ihn an sein Versprechen, sich meinetwegen nicht die geringste Last aufzulegen. Er führte mich also durch das Vorhaus in das bekannte Stüblein, und sagte, daß ich meine Sachen ablegen möchte.

Ich trug gewöhnlich an einem ledernen Riemen ein Fach über die Schulter, in welchem Werkzeuge zum Zeichnen, Zeichnungen und zum Teil auch Meßwerkzeuge waren. Neben dem Fache war eine Tasche befestigt, in der sich meine kalten Speisen, mein Wein, mein Trinkglas und meine Vorrichtung zum Einkühlen des Weines befanden. Diese Dinge legte ich ab, und hing sie über die Lehne eines in einer Ecke stehenden Stuhles. Meinen langen Meßstab lehnte ich an einen der gelben Schreine.

Der Pfarrer war indessen hinaus gegangen, und

kam nun mit einem Lichte in der Hand herein.
Es war ein Talglicht, welches in einem messingenen
Leuchter stak. Er stellte den Leuchter auf den
Tisch und legte eine messingene Lichtschere dazu.
Dann setzten wir uns beide an den Tisch, blieben
sitzen und erwarteten das Gewitter.

Dasselbe schien nicht mehr lange ausbleiben
zu wollen. Als der Pfarrer das Licht gebracht
hatte, war die wenige Helle, die von draußen noch
durch die Fenster herein gekommen war, ver-
schwunden, die Fenster standen wie schwarze
Tafeln da, und die völlige Nacht war herein-
gebrochen. Die Blitze waren schärfer, und er-
leuchteten trotz des Kerzenlichtes bei jedem
Aufflammen die Winkel des Stübleins. Die
Donner wurden ernster und dringender. So
blieb es eine lange Weile. Endlich kam der erste
Stoß des Gewitterwindes. Der Baum, welcher
vor dem Hause stand, schauerte einen Augenblick
leise, wie von einem kurz abgebrochenen Lüftchen
getroffen, dann war es wieder stille. Über ein
kleines kam das Schauern abermals, jedoch länger
und tiefer. Nach einem kurzen Zeitraume geschah
ein starker Stoß, alle Blätter rauschten, die Äste
mochten zittern, nach der Art zu urteilen, wie
wir den Schall herein vernahmen, und nun hörte
das Tönen gar nicht mehr auf. Der Baum des
Hauses, die Hecken um dasselbe und alle
Gebüsche und Bäume der Nachbarschaft waren
in einem einzigen Brausen befangen, das nur
abwechselnd abnahm und schwoll. Dazwischen
schallten die Donner. Sie schallten immer
schneller und immer heller. Doch war das
Gewitter noch nicht da. Zwischen Blitz und
Donner war noch eine Zeit, und die Blitze, so
hell sie waren, waren doch keine Schlangen,
sondern nur ein ausgebreitetes allgemeines
Aufleuchten.

Endlich schlugen die ersten Tropfen an die

Fenster. Sie schlugen stark und einzeln gegen das Glas, aber bald kamen Genossen, und in kurzem strömte der Regen in Fülle herunter. Er wuchs schnell, gleichsam rauschend und jagend, und wurde endlich dergestalt, daß man meinte, ganze zusammenhängende Wassermengen fielen auf das Haus hernieder, das Haus dröhne unter dem Gewichte, und man empfinde das Dröhnen und Ächzen herein. Kaum das Rollen des Donners konnte man vor dem Strömen des Wassers hören, das Strömen des Wassers wurde ein zweites Donnern. Das Gewitter war endlich über unserem Haupte. Die Blitze fuhren wie feurige Schnüre hernieder, und den Blitzen folgten schnell und heiser die Donner, die jetzt alles andere Brüllen besiegten, und in ihren tieferen Enden und Ausläufen das Fensterglas erzittern und klirren machten.

Ich war nun froh, daß ich dem Rate des Pfarrers gefolgt hatte. Ich hatte selten ein solches Gewitter erlebt. Der Pfarrer saß ruhig und einfach an dem Tische des Stübleins, und das Licht der Talgkerze beleuchtete seine Gestalt.

Zuletzt geschah ein Schlag, als ob er das ganze Haus aus seinen Fugen heben und niederstürzen wollte, und gleich darauf wieder einer. Dann war ein Weilchen Anhalten, wie es oft bei solchen Erscheinungen der Fall ist, der Regen zuckte einen Augenblick ab, als ob er erschrocken wäre, selbst der Wind hielt inne. Aber es wurde bald wieder wie früher; allein die Hauptmacht war doch gebrochen, und alles ging gleichmäßiger fort. Nach und nach milderte sich das Gewitter, der Sturm war nur mehr ein gleichartiger Wind, der Regen war schwächer, die Blitze leuchteten blässer, und der Donner rollte matter, gleichsam landauswärts gehend.

Als endlich das Regnen nur ein einfaches Niederrinnen war, und das Blitzen ein Nachleuchten, stand der Pfarrer auf und sagte: "Es ist vorüber."

Er zündete sich ein Stümpfchen Licht an, und ging hinaus. Nach einer Weile kam er wieder herein, und trug auf einem Eßbrette mehrere Dinge, die zu dem Abendmahle bestimmt waren. Er setzte von dem Eßbrette ein Krüglein mit Milch auf den Tisch, und goß aus demselben zwei Gläser voll. Dann setzte er auf einem grünglasierten Schüsselchen Erdbeeren auf und auf einem Teller mehrere Stücke schwarzen Brotes. Als Bestecke legte er auf jeden Platz ein Messer und ein kleines Löffelchen, dann trug er das Eßbrett wieder hinaus.

Als er hereingekommen war, sagte er: "Das ist unser Abendmahl, lassen Sie es sich genügen."

Er trat zu dem Tisch, faltete die Hände und sprach bei sich einen Segen, ich tat desgleichen, und nun setzten wir uns zu unserem Abendessen nieder. Die Milch tranken wir aus den Gläsern, von dem schwarzen Brote schnitten wir uns Stückchen mit dem Messer, und aßen die Erdbeeren mit dem Löffelchen. Da wir fertig waren, sprach er wieder mit gefalteten Händen ein Dankgebet, holte das Eßbrett, und trug die Reste wieder fort.

Ich hatte in meiner Tasche noch Teile von meinem Mittagmahle und in meiner Flasche noch Wein. Ich sagte daher: "Wenn Euer Ehrwürden erlauben, so nehme ich die Überbleibsel meines heutigen Mittagessens aus meinem Ränzchen heraus, weil sie sonst verderben würden."

"Tun Sie nur nach Ihrem Gefallen", antwortete er.

Ich nahm daher meine Tasche und sagte: "Da sehen Euer Ehrwürden auch zugleich, wie ich bei meinem Wanderleben Tafel halte, und wie mein Trink- und Eßgeschirr beschaffen ist."

"Sie müssen wissen," fuhr ich fort, "daß, so sehr man das Wasser und insbesonders das

Gebirgswasser lobt, und so nützlich und herrlich dieser Stoff auch in dem großen Haushalte der Natur ist, dennoch, wenn man tagelang auf offenem Felde im Sonnenscheine arbeitet, oder in heißen Steinen und heißem Sande herum geht, oder in Klippen klettert, ein Trunk Wein mit Wasser ungleich mehr labt und Kraft gibt als das lautere, auserlesenste Wasser der Welt. Das lernte ich bei meinem Amte bald kennen, und versah mich daher stets bei allen meinen Reisen mit Wein. Aber nur guter Wein ist es, der gute Dienste leistet. Ich hatte mir daher auch auf die Hochstraße einen reinen, guten Wein kommen lassen, und nehme täglich einen Teil mit in meine Steinhügel."

Der arme Pfarrer sah mir zu, wie ich meine Vorrichtungen auseinander packte. Er betrachtete die kleinen blechernen Tellerchen, deren mehrere in eine unbedeutende flache Scheibe zusammen zu packen waren. Ich stellte die Tellerchen auf den Tisch. Dazu tat ich von meinem Fache Messer und Gabeln. Dann schnitt ich Scheibchen von feinem weißen Weizenbrote, das ich wöchentlich zwei Mal kommen ließ, dann Scheibchen von Schinken, von kaltem Braten und Käse. Das breitete ich auf den Tellern aus. Hierauf bat ich ihn um eine Flasche Wassers; denn das allein, sagte ich, führe ich nicht mit mir, da ich es in der Natur überall finden müsse. Als er in einem Kruge Wasser gebracht hatte, legte ich meine Trinkvorrichtungen auseinander. Ich tat die Flasche, die noch halb voll Wein war, heraus, ich stellte die zwei Gläser — eines habe ich immer zum Vorrate — auf den Tisch, und dann zeigte ich ihm, wie ich den Wein kühle. Das Glas wird in ein Fach von sehr lockerem Stoffe gestellt, der Stoff mit einer sehr dünnen Flüssigkeit, die Äther heißt, und die ich in einem Fläschchen immer mit führe, befeuchtet, welche Flüssigkeit sehr schnell und heftig verdünstet, und dabei eine Kälte erzeugt, daß der Wein frischer wird, als wenn er eben von dem Keller käme, ja als ob er sogar in Eis stünde. Da ich auf diese Weise zwei Gläser Wein aufgefrischt, mit Wasser vermischt, und eins auf seinen Platz gestellt hatte, lud ich ihn ein, mit mir zu speisen.

Er nahm, gleichsam um meiner Einladung die Ehre anzutun, ein winziges Bischen von den Dingen, nippte an dem Glase, und war nicht mehr zu bewegen, etwas Weiteres zu nehmen.

Ich aß von den aufgestellten Speisen nun auch nur sehr weniges, und packte dann alles wieder zusammen, indem ich mich der Unhöflichkeit, die ich eigentlich in der Übereilung begangen hatte, schämte.

Ich tat schnell einen Blick in das Angesicht des Pfarrers; aber es sprach sich nicht der kleinste Zug von Unfreundlichkeit aus.

Da der Tisch leer war, saßen wir noch eine Zeit bei der Talgkerze und sprachen. Dann schritt der Pfarrer daran, mein Bett zu bereiten. Er trug eine große wollene Decke herein, legte sie vierfach zusammen, und tat sie auf die Bank, die an der Mauer stand. Aus einer ähnlichen Decke machte er ein Kissen. Dann öffnete er einen der gelben Schreine, nahm ein Leintuch von außerordentlicher Schönheit, Feinheit und Weiße heraus, tat es auseinander und breitete es über mein Lager. Als ich bei dem schwachen Scheine der Kerze die ungemeine Trefflichkeit des Linnenstückes gesehen, und dann unwillkürlich meine Augen auf ihn gewendet hatte, errötete er in seinem Angesichte.

Als Hülle für meinen Körper legte er eine dritte Wolldecke auf das Lager.

"Das ist Ihr Bett, so gut ich es machen kann," sagte er, "Sie dürfen nur sagen, wann Sie bereitet sind, die Ruhe zu suchen."

"Das lasse ich Euer Ehrwürden über," antwortete ich, "wann Sie zum Schlafen Ihre Zeit haben, richten Sie sich nach derselben. Ich bin an keine Stunde gebunden, meine Lebensweise bringt es mit sich, daß ich bald kurz, bald lang schlafe, bald früher, bald später mein Lager suche."

"Auch ich bin keiner Zeit untertan," erwiderte er, "und kann den Schlummer nach meinen Pflichten einrichten; aber da es wegen des Gewitters heute später geworden ist als sonst, da Sie morgen gewiß sehr bald aufstehen und wahrscheinlich in die Hochstraße gehen werden, um manches zu holen, so dächte ich, wäre Ruhe das Beste, und wir sollten sie suchen."

"Ich stimme Ihnen vollständig bei, Herr Pfarrer", sagte ich.

Nach diesem Gespräche verließ er das Stüblein, und ich dachte, er habe sich nach seiner Schlafkammer begeben. Ich entkleidete mich daher, soweit ich es immer gewohnt bin, und legte mich auf mein Bett. Eben wollte ich das Licht, das ich auf einen Stuhl neben meinem Bette gestellt hatte, auslöschen, als der Pfarrer wieder herein trat. Er hatte sich umgekleidet, und trug jetzt grauwollene Strümpfe, grauwollene Beinkleider und eine grauwollene Jacke. Schuhe hatte er nicht, sondern er ging auf den Strümpfen. So trat er in das Stüblein.

"Sie haben sich schon zur Ruhe gelegt," sagte er, "ich bin gekommen, Ihnen eine gute Nacht zu sagen, und dann auch den Schlaf zu suchen. Also schlummern Sie wohl, wie es auf dem Bette möglich ist."

"Ich werde gut schlafen," erwiderte ich, "und wünsche Ihnen ein gleiches."

Nach diesen Worten ging er zu dem Weihbrunnenkessel, der unter dem kleinen, schön geschnitzten Kruzifixe hing, besprengte sich mit Tropfen des Wassers, und verließ das Stüblein.

Ich sah bei dem Lichte meiner Kerze, wie er in dem geräumigen Vorhause sich auf die hölzerne Bank, die in der flachen Nische stand, legte, und die Bibel sich als Kissen unter das Haupt tat.

Als ich dieses gesehen hatte, sprang ich von meinem Lager auf, ging in den Nachtkleidern in das Vorhaus hinaus, und sagte: "Mit nichten, Euer Ehrwürden, so ist es nicht gemeint, Sie dürfen nicht auf dieser nackten Bank schlafen, während Sie mir das bessere Bett einräumen. Ich bin gewohnt, auf allen Lagern zu schlafen, selbst im Freien unter einem Baume, lassen Sie mich diese Bank benützen, und begeben Sie sich in das Bett, das Sie mir abtreten wollten."

"Nein, lieber Herr," antwortete er, "ich habe Ihnen kein Bett abgetreten, wo das Ihrige ist, wird sonst nie eines gemacht, und wo ich jetzt liege, schlafe ich alle Nächte."

"Auf dieser harten Bank und mit diesem Buche als Kissen schlafen Sie alle Nächte?" fragte ich.

"Wie Sie durch Ihren Stand an alle Lager gewohnt sind, selbst an eines im Freien," erwiderte er, "so bin ich auch durch meinen Stand gewohnt, auf dieser Bank zu schlafen, und dieses Buch als Kissen zu haben."

"Ist das wirklich möglich?" fragte ich.

"Ja, es ist so," antwortete er, "ich sage keine Lüge. Ich hätte mir ja auch auf dieser Bank ein Bett machen können, wie ich Ihnen eines auf der Ihrigen gemacht habe; allein ich habe schon seit sehr langer Zeit her angefangen, in diesen Kleidern und auf dieser Bank hier, wie Sie mich sehen, zu schlafen, und tue es auch heute." Da ich noch immer mißtrauisch zögerte, sagte er: "Sie können in Ihrem Herzen ganz beruhigt sein, ganz beruhigt."

Ich wendete gegen dieses nichts mehr ein, namentlich war der Grund, daß er sich ja auch ein Bett hätte machen können, überzeugend.

Nach einer Weile, während welcher ich noch immer dagestanden war, sagte ich: "Wenn es eine alte Gewohnheit ist, hochwürdiger Herr, so habe ich freilich nichts mehr einzuwenden; aber Sie werden es auch begreifen, daß ich anfänglich dagegen sprach, weil man gewöhnlich überall ein gebettetes Lager hat."

"Ja, man hat es," sagte er, "und gewöhnt sich daran, und meint, es müsse so sein. Aber es kann auch anders sein. An alles gewöhnt sich der Mensch, und die Gewohnheit wird dann sehr leicht, sehr leicht."

Nach diesen Worten ging ich wieder, nachdem ich ihm zum zweiten Male eine gute Nacht gewünscht hatte, in mein Stüblein, und legte mich wieder in mein Bett. Ich erinnerte mich nun auch, daß ich wirklich nie ein Bett gesehen habe, so oft ich früher in der Behausung des Pfarrers gewesen war. Ich dachte noch eine Zeit lang an die Sache, und konnte nicht umhin, die äußerste Feinheit des Linnens des Pfarrers sehr wohltätig an meinem Körper zu empfinden. Nach einer kurzen Zeit lieferte der Pfarrer den tatsächlichen Beweis, daß er an sein Lager gewohnt sei; denn ich hörte aus dem sanften, regelmäßigen Atmen, daß er bereits in tiefen Schlummer gesunken sei.

Da ich nun auch ruhig war, da alles in dem Pfarrhause totenstille war, da der Wind aufgehört hatte, der Regen kaum nur leise zu vernehmen war, und die Blitze wie verloren nur mehr selten mit mattem Scheine das Fenster berührten, senkte sich auch auf meine Augen der Schlummer, und nachdem ich die Kerze ausgelöscht hatte, vernahm ich noch einige Male das Fallen eines Tropfens an das Fenster, dann war mirs, als ob daran der schwache Aufblick eines Leuchtens geschähe, und dann war nichts mehr. —

Ich schlief sehr gut, erwachte spät, und es war schon völliger Tag, als ich die Augen öffnete. Es war, als ob es ein zartes Geräusch gewesen wäre, das mein völliges Aufwachen veranlaßt hatte. Als ich die Augen vollkommen öffnete und herum sah, erblickte ich in dem Vorhause den Pfarrer in seinen grauen Nachtkleidern, wie er eben beschäftigt war, meine Kleider mit einer Bürste vom Staube zu reinigen. Ich erhob mich schnell von meinem Lager, ging hinaus, und störte ihn in seinem Beginnen, indem ich sagte, das dürfe nicht sein, so etwas könne ich von ihm nicht annehmen, es liege nicht in seinem Stande, es mache der Staub nichts, und wenn ich ihn fort wollte, so könnte ich ihn ja selber mit einer Bürste schnell abstreifen.

"Es liegt nicht in meinem Stande als Priester, aber es liegt in meinem Stande als Gastfreund," sagte er, "ich habe nur eine einzige alte Dienerin, die nicht in dem Hause wohnt, sie kömmt zu gewissen Stunden, um meine kleinen Dienste zu verrichten, und ist heute noch nicht da."

"Nein, nein, das tut nichts," antwortete ich, "ich erinnere Sie an Ihr Versprechen, sich keine Last aufzulegen."

"Ich lege mir keine Last auf," erwiderte er, "und es ist schon bald gut."

Mit diesen Worten tat er noch ein paar Striche mit der Bürste auf dem Rocke, und ließ sich dann beides, Bürste und Kleider, nehmen. Er ging aus dem Vorhause in ein anderes, mir bis dahin unbekanntes Gemach. Ich kleidete mich indessen an. Nach einer Zeit kam auch er vollständig angekleidet herein. Er hatte die alten schwarzen Kleider an, die er am Tage und alle vorhergehenden Tage angehabt hatte. Wir traten an das Fenster. Der Schauplatz hatte sich vollkommen geändert. Es war ein durchaus schöner Tag, und die Sonne erhob sich strahlend in einem unermeßlichen Blau. Was doch so ein Gewitter ist! Das Zarteste, das Weichste der Natur ist es, wodurch ein solcher

24

Aufruhr veranlaßt wird. Die feinen, unsichtbaren Dünste des Himmels, die in der Hitze des Tages oder in der Hitze mehrerer Tage unschädlich in dem unermeßlichen Raume aufgehängt sind, mehren sich immer, bis die Luft an der Erde so erhitzt und verdünnt ist, daß die oberen Lasten derselben niedersinken, daß die tieferen Dünste durch sie erkühlt werden, oder daß sie auch von einem andern kalten Hauche angeweht werden, wodurch sie sich sogleich zu Nebelballen bilden, das elektrische Feuer erzeugen und den Sturm wachrufen, neue Kälte bewirken, neue Nebel erregen, sodann mit dem Sturme daher fahren, und ihre Mengen, die zusammenschießen, sei es in Eis, sei es in geschlossenen Tropfen, auf die Erde niederschütten. Und haben sie sie nieder geschüttet, und hat die Luft sich gemischt, so steht sie bald wieder in ihrer Reinheit und Klarheit oft schon am andern Tage da, um wieder die Dünste aufzunehmen, die in der Hitze erzeugt werden, wieder allmählich dasselbe Spiel zu beginnen, und so die Abwechslung von Regen und Sonnenschein zu bewirken, welche die Freude und das Gedeihen von Menschen, Tieren und Gewächsen ist.

Der unermeßliche Regen der Nacht hatte die Kalksteinhügel glatt gewaschen, und sie standen weiß und glänzend unter dem Blau des Himmels und unter den Strahlen der Sonne da. Wie sie hinter einander zurück wichen, wiesen sie in zarten Abstufungen ihre gebrochenen Glanzfarben in Grau, Gelblich, Rötlich, Rosenfarbig, und dazwischen lagen die länglichen, nach rückwärts immer schöneren, luftblauen Schatten. Die Wiese vor dem Pfarrhofe war frisch und grün, die Linde, die ihre älteren und schwächeren Blätter durch den Sturm verloren hatte, stand neugeboren da, und die andern Bäume und die Büsche um den Pfarrhof hoben ihre nassen, glänzenden Äste und

Zweige gegen die Sonne. Nur in der Nähe des Steges war auch ein anderes, minder angenehmes Schauspiel des Gewitters. Die Zirder war ausgetreten, und setzte einen Teil der Wiese, von der ich gesagt habe, daß sie um wenig höher liegt als das Flußbett, unter Wasser. Der hohe Steg senkte sich mit seinem abwärts gehenden Teile unmittelbar in dieses Wasser. Allein, wenn man von dem Schaden absieht, den die Überschwemmung durch Anführung von Sand auf der Wiese verursacht haben mochte, so war auch diese Erscheinung schön. Die große Wasserfläche glänzte unter den Strahlen der Sonne, sie machte zu dem Grün der Wiese und dem Grau der Steine den dritten, stimmenden und schimmernden Klang, und der Steg stand abenteuerlich wie eine dunkle Linie über dem silbernen Spiegel.

Der Pfarrer zeigte mir mehrere Stellen sehr entfernter Gegenden, die man sonst nicht sehen konnte, die aber heute deutlich in der gereinigten Luft wie klare Bilder zu erblicken waren.

Nachdem wir eine kleine Zeit das Morgenschauspiel, das die Augen unwillkürlich auf sich gezogen hatte, betrachtet hatten, brachte der Pfarrer kalte Milch und schwarzes Brot zum Frühmahle. Wir verzehrten beides, und ich schickte mich dann zum Fortgehen an. Ich nahm mein Fach und meine Tasche mit dem Lederriemen über die Schulter, nahm meinen Stab von der Ecke neben dem gelben Schreine, nahm meinen weißen Wanderhut, und sagte dem Pfarrer herzlichen Dank für meine Beherbergung während des starken Gewitters.

"Wenn es nur nicht zu schlecht gewesen ist", sagte er.

"Nein, nein, Euer Ehrwürden," erwiderte ich, "es war alles lieb und gut von Ihnen, ich bedaure nur, daß ich Ihnen Störung und Unruhe verursacht habe, ich werde künftig genau auf das

Wetter und den Himmel sehen, daß meine
Unvorsichtigkeit nicht wieder ein anderer büßen
muß."

"Ich habe gegeben, was ich gehabt habe",
sagte er.

"Und ich wünsche sehr, einen Gegendienst
leisten zu können", erwiderte ich.

"Menschen leben neben einander, und können
sich manchen Gefallen tun", sagte er.

Mit diesen Worten waren wir in das Vorhaus
hinaus gelangt.

"Ich muß Ihnen noch meine dritte Stube
zeigen," sagte er, "hier habe ich ein Gemach, in
welchem ich mich auskleide und ankleide, daß
mich niemand sieht, und in welchem ich noch
mancherlei Sachen aufbewahrt habe."

Mit diesen Worten führte er mich aus dem
Vorhause in ein Seitenzimmer oder eigentlich in
ein Gewölbe, dessen Tür ich früher nicht beachtet
hatte. In dem Gewölbe waren wieder sehr
schlechte Geräte. Ein großer weicher, stehender
Schrein, in dem Kleider und andere solche Dinge,
wahrscheinlich auch die Wolldecken meines
Lagers, aufbewahrt wurden, ein paar Stühle, und
ein Brett, auf dem schwarze Brote lagen und ein
Topf mit Milch stand: das war die ganze Gerät-
schaft. Als wir wieder aus dem Zimmer heraus
getreten waren, schloß er es zu, wir nahmen
Abschied, und versprachen, uns bald wieder
zu sehen.

Ich trat in die kühle, reine Luft und auf die
nasse Wiese hinaus. Ich hatte wohl noch den
Gedanken, wie es sonderbar sei, daß wir immer
nur in dem Erdgeschosse gewesen seien, und daß
ich doch in der Nacht und am Morgen deutlich
Tritte oberhalb unser in dem Pfarrhofe ver-
nommen hatte; allein ich ließ mich den Gedanken
nicht weiter anfechten, und schritt vorwärts.

Ich ging nicht auf meinem eigentlichen Wege,

sondern ich schlug die Richtung gegen die Zirder ein. Wenn man ein Land vermißt, wenn man viele Jahre lang Länder und ihre Gestalten auf Papier zeichnet, so nimmt man auch Anteil an der Beschaffenheit der Länder, und gewinnt sie lieb. Ich ging gegen die Zirder, weil ich sehen wollte, welche Wirkungen ihr Austritt hervorgebracht hatte, und welche Veränderungen er in der unmittelbaren Nähe eingeleitet haben möge. Als ich eine Weile vor dem Wasser stand und sein Walten betrachtete, ohne daß ich eben andere Wirkungen als den bloßen Austritt wahrnehmen konnte, so erlebte ich plötzlich ein Schauspiel, welches ich bisher nicht gehabt hatte, und bekam eine Gesellschaft, die mir bisher in dem Steinlande nicht zu Teil geworden war. Außer meinen Arbeitern, mit denen ich so bekannt war, und die mit mir so bekannt waren, daß wir uns wechselweise wie Werkzeuge vorkommen mußten, hatte ich nur einige Menschen in meinem Gasthause, manchen Wanderer auf dem Wege und den armen Pfarrer in den Gesteinen gesehen. Jetzt sollte es anders werden. Als ich hinblickte, sah ich von dem jenseitigen Ufer, welches höher und nicht überschwemmt war, einen lustigen, fröhlichen Knaben über den Steg daher laufen. Als er gegen das Ende des Steges kam, welches sich in das Überschwemmungswasser der Zirder hinab senkte, kauerte er sich nieder, und so viel ich durch mein Handfernrohr wahrnehmen konnte, nestelte er sich die Schuhriemen auf, und zog Schuhe und Strümpfe aus. Allein nachdem er beides ausgezogen hatte, ging er nicht in das Wasser herab, wie ich vermutet hatte, sondern blieb an der Stelle. Gleich darauf kam ein . zweiter Knabe, und tat desselbe. Dann kam ein barfüßiger, der auch stehen blieb, dann mehrere andere. Endlich kam ein ganzer Schwarm Kinder über den Steg gelaufen, und als sie gegen das Ende desselben

gekommen waren, duckten sie sich nieder, gleichsam wie ein Schwarm Vögel, der durch die Luft
geflogen kömmt und an einer kleinen Stelle
einfällt, und ich konnte unschwer wahrnehmen,
daß sie sämtlich damit beschäftiget waren, Schuhe
und Strümpfe auszuziehen.

Als sie damit fertig waren, ging ein Knabe
über den Steg herab, und behutsam in das Wasser.
Ihm folgten die andern. Sie nahmen auf ihre
Höschen keine Rücksicht, sondern gingen damit
tief in das Wasser, und die Röckchen der Mädchen
schwammen um ihre Füße in dem Wasser herum.
Zu meinem Erstaunen erblickte ich jetzt auch
mitten im Wasser eine größere schwarze Gestalt,
die niemand anderer als der arme Pfarrer im Kar
war. Er stand bis auf die Hüften im Wasser. Ich
hatte ihn früher nicht gesehen, und auch nicht
wahrgenommen, wie er hinein gekommen war,
weil ich mit meinen Augen immer weiterhin gegen
den Steg geblickt hatte, und sie erst jetzt mehr
nach vorn richtete, wie die Kinder gegen meinen
Standpunkt heran schritten. Alle Kinder gingen
gegen den Pfarrer zu, und nachdem sie eine Weile
bei ihm verweilt und mit ihm gesprochen hatten,
traten sie den Weg gegen das Ufer an, an dem ich
stand. Da sie ungleich vorsichtig auftraten, so
zerstreuten sie sich im Hergehen durch das
Wasser, erschienen wie schwarze Punkte auf der
glänzenden Fläche, und kamen einzeln bei mir an.
Da ich sah, daß keine Gefahr in dem überall
seichten Überschwemmungswasser vorhanden sei,
blieb ich auf meiner Stelle stehen, und ließ sie
ankommen. Die Kinder kamen heran, und blieben
bei mir stehen. Sie sahen mich anfangs mit
trotzigen und scheuen Angesichtern an; aber da
ich von Jugend auf ein Kinderfreund gewesen bin,
da ich stets die Kinder als Knospen der Menschheit außerordentlich geliebt habe, und seit meiner
Verehlichung selbst mit einer Anzahl davon

gesegnet worden bin, da zuletzt auch keine Art
von Geschöpfen so schnell erkennt, wer ihnen gut
ist, und auf diesem Boden eben so schnell Vertrauen gewinnt, als Kinder: so war ich bald von
einem Kreise plaudernder und rühriger Kinder
umringt, die sich bemühten, Fragen zu geben und
Fragen zu beantworten. Es war leicht zu erraten,
auf welchem Wege sie sich befanden, da sie
sämtlich an ledernen oder leinenen Bändern ihre
Schultaschen um die Schultern gehängt hatten.
Weil aber auch ich meine Tasche und mein Fach
an einem ledernen Riemen um meine Schultern
trug, so mochte es ein lächerlicher Anblick
gewesen sein, mich gleichsam wie ein großes
Schulkind unter den kleinen stehen zu sehen.
Einige bückten sich und waren bemüht, ihre
Schuhe und Strümpfe wieder anzuziehen, andere
hielten sie noch in den Händen, sahen zu mir
auf, und redeten mit mir.

Ich fragte sie, woher sie kämen, und erhielt zur
Antwort, daß sie aus den Karhäusern und Stein-
häusern seien, und daß sie in die Schule in das
Kar gehen.

Als ich sie fragte, warum sie auf dem Stege
zusammen gewartet hätten, und nicht einzeln,
wie sie gekommen wären, in das Wasser gestiegen
seien, sagten sie, weil die Eltern befohlen hätten,
sie sollten sehr vorsichtig sein, und nicht allein,
sondern alle zusammen in das Wasser gehen,
wenn ein solches jenseits des Steges auf der
Zirderwiese sei.

"Wenn aber das Wasser auf der Wiese so tief
wäre, daß es über das Haupt eines großen Menschen hinaus ginge?" fragte ich.

"So kehren wir wieder um", antworteten sie.

"Wenn aber erst das Wasser mit Gewalt daher
käme, wenn Ihr bereits über den Steg gegangen
wäret und Euch auf der Wiese befändet, was tätet
Ihr dann?"

"Das wissen wir nicht."

Ich fragte sie, wie lange sie von den Steinhäusern und Karhäusern hieher brauchten, und erhielt die Antwort: eine Stunde. So weit mochten auch die genannten Häuser wirklich entfernt sein. Sie liegen jenseits der Zirder in einem eben so unfruchtbaren Boden wie das Kar, aber ihre Bewohner treiben viele Geschäfte, namentlich brennen sie Kalk aus ihren Steinen, und verführen ihn weit.

Ich fragte sie, ob ihnen die Eltern auch aufgetragen hätten, die Schuhe und Strümpfe zu schonen, erhielt die Antwort ja, und bewunderte die Unfolgerichtigkeit, indem sie die trockenen Schuhe und Strümpfe in den Händen hielten und mit bitterlich nassen Höschen und Röckchen vor mir standen.

Ich fragte, was sie in dem Winter täten.

"Da gehen wir auch herüber", sagten sie.

"Wenn aber Schneewasser auf der Wiese ist?"

"Da ziehen wir die Schuhe nicht aus, sondern gehen mit ihnen durch."

"Und wenn der Steg eisig ist?"

"Da müssen wir acht geben."

"Und wenn außerordentliches Schneegestöber ist?"

"Das macht nichts."

"Und wenn ungeheuer viel Schnee liegt und kein Weg ist?"

"Dann bleiben wir zu Hause."

In diesem Augenblicke kam der Pfarrer mit den letzten Kindern gegen mich heran. Es war auch Zeit; denn die Kinder waren bereits so zutraulich geworden, daß mir ein winzig kleiner Knabe, der den Grund und Anfang aller Wissenschaften auf einem kleinen Papptäfelchen trug, seine Buchstaben aufsagen wollte.

Da mich der Pfarrer in der Mitte der Kinder ansichtig wurde, grüßte er sehr freundlich, und sagte, das sei schön von mir, daß ich auch zur Hilfe herbei geeilt wäre.

Ich erschrak über diese Zumutung, sagte aber gleich, ich sei eben nicht zur Hilfe herbei geeilt, da ich nicht gewußt hätte, daß Kinder über den Steg kommen würden, aber wenn Hilfe nötig geworden wäre, so würde ich sie gewiß auch geleistet haben.

Bei dieser Gelegenheit, als ich ihn so unter den Kindern stehen sah, bemerkte ich, daß er bei weitem tiefer im Wasser gewesen sein müsse als die Kinder; denn er war bis über die Hüften naß, und dies hätte bei manchem Kinde beinahe an den Hals gereicht. Ich begriff den Widerspruch nicht, und fragte ihn deshalb. Er sagte, das sei leicht zu erklären. Der Wennerbauer, dem das überschwemmte Stück Wiese gehöre, auf dem er eben im Wasser gestanden sei, habe vorgestern Steine aus der Wiese graben und wegführen lassen. Die Grube sei geblieben. Da er nun heute die Wiese gegen die Zirder mit Wasser überdeckt gesehen hätte, habe er geglaubt, daß der Weg der Kinder etwa nahe an dieser Grube vorbeigehen, und daß eines in derselben verunglücken könnte. Deshalb habe er sich zu der Grube stellen wollen, um alle Gefahr zu verhindern. Da sie aber abschüssig war, sei er selber in die Grube geglitten, und einmal darin stehend, sei er auch darin stehen geblieben. Eines der kleineren Kinder hätte in der Grube sogar ertrinken können, so tief sei sie gegraben worden. Man müsse Sorge tragen, daß die Wiese wieder abgeebnet werde; denn das Wasser bei Überschwemmungen sei trüb, und lasse die Tiefe und Ungleichheit des Bodens unter sich nicht bemerken.

Die nassen Kinder drängten sich um den nassen Pfarrer, sie küßten ihm die Hand, sie redeten mit ihm, er redete mit ihnen, oder sie standen da und sahen zutraulich zu ihm hinauf.

Er aber sagte endlich, sie sollten jetzt die nassen Röckchen auswinden, das Wasser aus allen Kleidern drücken oder abstreifen, und wer Schuhe und Strümpfe habe, solle sie anziehen, dann sollen sie gehen, daß sie sich nicht erkühlen, sie sollen sich in die Sonne stellen, daß sie eher trocken würden, und sollen dann in die Schule gehen und dort sehr sittsam sein.

"Ja, das werden wir tun", sagten sie.

Sie folgten der Weisung auch sogleich, sie duckten oder kauerten sich nieder, sie wanden die Röckchen aus, sie drückten das Wasser aus den Füßen der Höschen, oder sie drängten und streiften es aus Falten und Läppchen, und ich sah, daß sie darin eine große Geschicklichkeit hatten. Auch war die Sache nicht so bedeutend; denn sie hatten alle entweder ungebleichte oder rot- oder blaugestreifte leinene Kleidchen an, die bald trocken werden würden, und denen man dann kaum ansehen würde, daß sie naß gewesen seien; und in Hinsicht der Gesundheit, dachte ich, würde der jugendliche Körper leicht die Feuchtigkeit überwinden. Da sie mit dem Auspressen des Wassers fertig waren, gingen sie an das Anziehen der Schuhe und Strümpfe. Als sie auch dieses Geschäft beendigt hatten, nahm der Pfarrer wieder von mir Abschied, dankte mir noch einmal, daß ich hieher gekommen sei, und begab sich mit den Kindern auf den Weg in das Kar.

Ich rief den Kindern zu, sie sollten recht fleißig sein, sie riefen zurück: "ja, ja", und gingen mit dem Pfarrer davon.

Ich sah die Gestalt des Pfarrers unter dem Kinderhaufen über die nasse Wiese der Karschule zugehen, wendete mich dann auch, und schlug den Weg in meine Steine ein. Ich wollte nicht mehr in die Hochstraße gehen, sondern gleich meine Leute und meinen Arbeitsplatz aufsuchen, teils weil ich keine Zeit zu verlieren hatte, teils weil ich ohnedem noch mit den Resten von Lebensmitteln versehen war, die der Pfarrer gestern abends verschmäht hatte. Auch wollte ich meine Leute beruhigen, die gewiß erfahren haben würden, daß ich in der Nacht nicht in der Hochstraße gewesen sei, und deshalb meinetwillen besorgt sein könnten.

Als ich in die Höhe der Kalksteinhügel hinauf stieg, dachte ich an die Kinder. Wie groß doch die Unerfahrenheit und Unschuld ist. Sie gehen auf das Ansehn der Eltern dahin, wo sie den Tod haben können; denn die Gefahr ist bei den Überschwemmungen der Zirder sehr groß, und kann bei der Unwissenheit der Kinder unberechenbar groß werden. Aber sie kennen den Tod nicht. Wenn sie auch seinen Namen auf den Lippen führen, so kennen sie seine Wesenheit nicht, und ihr emporstrebendes Leben hat keine Empfindung von Vernichtung. Wenn sie selbst in den Tod gerieten, würden sie es nicht wissen, und sie würden eher sterben, ehe sie es erführen.

Als ich so dachte, hörte ich das Glöcklein von dem Turme der Karkirche in meine Steine herein klingen, das eben zu der Morgenmesse rief, die der Pfarrer abhalten, und der die Kinder beiwohnen würden.

Ich ging tiefer in die Steine hinein, und fand meine Leute, die sich freuten, mich zu sehen, und die mir Lebensmittel gebracht hatten. —

Da ich lange in der Gegend verweilte, konnte ich es nicht vermeiden, auch aus dem Munde der Menschen manches über den Pfarrer zu hören. Da erfuhr ich, daß es wirklich wahr sei, woran ich vermöge seiner Aussage ohnehin nicht mehr gezweifelt hatte, daß er schon seit vielen Jahren in seinem Vorhause auf der hölzernen Bank schlafe und die Bibel unter dem Kopfe habe; daß er hiebei im Sommer nur die grauen Wollkleider anhabe, und im Winter sich auch einer Decke bediene. Seine Kleider trage er so lange und erhalte sie so beisammen, daß sich niemand erinnern könne, wann er sich einmal neue angeschafft hätte. Das obere Stockwerk seines Pfarrhofes habe er vermietet. Es sei ein Mann gekommen, der in einem Amte gestanden, dann in den Ruhestand versetzt worden war, und der seinen Gehalt nun in der Gegend verzehre, in welcher er geboren worden sei. Er habe den Umstand, daß der Pfarrer seine Zimmer vermiete, benützt, um sich mit seiner Tochter da einzumieten, daß er immer den Schauplatz vor Augen habe, in dem er seine Kindheit zugebracht hatte. Es war mir diese Tatsache wieder ein Beweis, wie süß uns nach den Worten des Dichters der Geburtsboden zieht, und seiner nicht vergessen läßt, daß hier ein Mann eine Gegend als ein Labsal und als eine Erheiterung seines Alters aufsucht, aus der jeder andere fortzukommen trachten würde. Der Pfarrer, sagte man, esse zum Frühmahle und am Abende nur ein Stück schwarzen Brotes, und sein Mittagessen bereite ihm seine Dienerin Sabine, welche es in ihrer Wohnung koche und es ihm in den Pfarrhof bringe. Es bestehe häufig aus warmer Milch oder einer Suppe oder im Sommer selbst aus kalten Dingen. Wenn er krank sei, lasse er keinen Arzt und keine Arznei kommen, sondern liege und enthalte sich der Speisen, bis er gesund werde. Von den Einkünften seiner Miete und seines Amtes tue er Gutes, und zwar an Leute, die er sorgsam aussuche. Er habe keine Verwandten und Bekannten. Seit den Jahren, seit denen er da sei, sei niemand bei ihm auf Besuch gewesen. Alle seine Vorgänger seien nur kurze Zeit Pfarrer in dem Kar gewesen, und seien dann fortgekommen; er aber sei schon sehr lange da, und es habe den Anschein, daß er bis zu seinem Lebensende da bleiben werde. Er gehe auch nicht auf Besuche in die

35

Nachbarschaft, ja er gehe nicht viel mit Menschen um, und wenn er nicht in seinen Amtsgeschäften oder in der Schule sei, so lese er in seinem Stüblein, oder er gehe über die Wiese in das Steinkar, gehe dort im Sande herum, oder sitze dort einsam mit seinen Gedanken.

Es hatte sich in der Gegend der Ruf verbreitet, daß er wegen seiner Lebensweise Geld habe, und er ist deshalb schon dreimal beraubt worden.

Ich konnte von diesen Dingen weder wissen, was wahr sei, noch was nicht wahr sei. So oft ich zu ihm kam, sah ich die ruhigen, klaren blauen Augen, das einfache Wesen, und die bittere, ungeheuchelte Armut. Was seine Vergangenheit gewesen sei, in das drang ich nicht ein, und mochte nicht eindringen.

Ich hatte auch mehrere Predigten von ihm gehört. Sie waren einfach christlich, und wenn auch von Seite der Beredsamkeit manches ein-zuwenden gewesen wäre, so waren sie doch klar und ruhig, und es war eine solche Güte in ihnen, daß sie in das Herz gingen.

Die Zeit meiner Arbeiten in jener Gegend zog sich in die Länge. Die Steinnester jener unwirt-lichen Landschaften setzten uns solche Hinder-nisse entgegen, daß wir Aussicht hatten, doppelt so viele Zeit zu brauchen, als auf einem gleichen Flächenraume einer gezähmten und fruchtbaren Gegend. Dazu kam noch, daß uns von den Behörden gleichsam eine Frist gesetzt wurde, in der wir fertig sein sollten, indem wir die Bestim-mung bekamen, zu einer gewissen Zeit in einem anderen Teile des Reiches beschäftigt zu werden. Ich wollte mir die Schande nicht antun, mich saumselig finden zu lassen. Ich bot daher alles auf, das Geschäft in einen lebhaften Gang zu bringen. Ich verließ die Hochstraße, ich ließ mir in dem Teile des Steinkars, in dem wir arbeiteten, eine Bretterhütte als Wohnung aufschlagen, ich

wohnte dort, und ließ mir mit meinen Leuten
gemeinschaftlich an einem Feuer kochen. Ich
zog auch alle Leute zu mir, daß sie auf dem
Arbeitsschauplatze oder in der Nähe in errichteten
Hüttchen wohnten, und ich nahm noch mehrere
fremde Menschen als Handlanger auf, um nun
alles recht tüchtig und lebendig zu fördern.

Da ging es nun an ein Hämmern, Messen,
Pflöckeschlagen, Kettenziehen, an ein Aufstellen
der Meßtische, an ein Absehen durch die Gläser,
an ein Bestimmen der Linien, Winkelmessen,
Rechnen und dergleichen. Wir rückten durch die
Steinhügel vor, und unsere Zeichen verbreiteten
sich auf dem Kalkgebiete. Da es eine Aus-
zeichnung war, diesen schwierigen Erdwinkel
aufzunehmen, so war ich stolz darauf, es recht
schön und ansehnlich zu tun, und arbeitete oft
noch bis tief in die Nacht hinein in meiner Hütte.
Ich zeichnete manche Blätter doppelt, und ver-
warf die minder gelungenen. Der Stoff wurde
sachgemäß eingereiht.

Daß mir bei diesen Arbeiten der Pfarrer in den
Hintergrund trat, ist begreiflich. Allein da ich
ihn einmal schon längere Zeit nicht im Steinkar
sah, wurde ich unruhig. Ich war gewöhnt, seine
schwarze Gestalt in den Steinen zu sehen, von
weitem sichtbar, weil er der einzige dunkle Punkt
in der graulich dämmernden oder unter dem
Strahle der hinabsinkenden Sonne rötlich be-
leuchteten Kalkflur war. Ich fragte deshalb nach
ihm, und erfuhr, daß er krank sei. Sogleich beschloß
ich, ihn zu besuchen. Ich benutzte die erste freie
Zeit dazu, oder vielmehr, ich machte mir den
ersten Abend frei, und ging zu ihm.

Ich fand ihn nicht auf seinem gewöhnlichen
Lager in dem Vorhause, sondern in dem Stüblein
auf der hölzernen Bank, auf welcher er mir in
der Gewitternacht ein Bett gemacht hatte. Man
hatte ihm die Wolldecken unter den Leib gegeben,

die ich damals gehabt hatte, und er hatte es zugelassen, weil er krank war. Man hatte ihm auch eine Hülle gegeben, um seinen Körper zudecken zu können, und man hatte den fichtenen Tisch an sein Bett gerückt, daß er Bücher darauf legen und andere Dinge darauf stellen konnte.

So fand ich ihn.

Er lag ruhig dahin, und war auch jetzt nicht zu bewegen gewesen, einen Arzt oder eine Arznei anzunehmen, selbst nicht die einfachsten Mittel zuzulassen, die man ihm in sein Zimmer brachte. Er hatte den seltsamen Grund, daß es eher eine Versuchung Gottes sei, eingreifen zu wollen, da Gott die Krankheit sende, da Gott sie entferne, oder den beschlossenen Tod folgen lasse. Endlich glaubte er auch nicht so sehr an die gute Wirkung der Arzneien und an das Geschick der Ärzte.

Da er mich sah, zeigte er eine sehr heitere Miene, es war offenbar, daß er darüber erfreut war, daß ich gekommen sei. Ich sagte ihm, daß er verzeihen möge, daß ich erst jetzt komme, ich hätte es nicht gewußt, daß er krank sei, ich wäre wegen der vielen Arbeiten nicht von meiner Hütte in dem Steinkar heraus gekommen, ich hätte ihn aber vermißt, hätte ihm nachgefragt, und sei nun gekommen.

"Das ist schön, das ist recht schön", sagte er.

Ich versprach, daß ich nun schon öfter kommen werde.

Ich erkannte bei näheren Fragen über seinen Zustand, daß seine Krankheit weniger eine bedenkliche, als vielmehr eine längere sein dürfte, und ging daher mit Beruhigung weg. Deßohngeachtet fuhr ich eines Tages mit herein bestellten Postpferden in die Stadt hinaus, und beriet mich mit einem mir bekannten Arzte daselbst, indem ich ihm alle Zustände, die ich dem Pfarrer in mehreren Besuchen abgefragt hatte, darlegte. Er

gab mir die Versicherung, daß ich recht gesehen
hätte, daß das Übel kein gefährliches sei, daß die
Natur da mehr tun könne als der Mensch, und
daß der Pfarrer in etwas längerer Zeit schon
genesen werde.

Da ich nun öfter zu dem Pfarrer kam, so wurde
ich es so gewöhnt, abends ein wenig auf dem
Stuhle neben seinem Bette zu sitzen und mit ihm
zu plaudern, daß ich es nach und nach alle Tage
tat. Ich ging nach meiner Tagesarbeit aus dem
Steinkar über die Wiese in den Pfarrhof, und
verrichtete meine Hausarbeit später bei Licht in
meiner Hütte. Ich konnte es um so leichter tun,
da ich jetzt ziemlich nahe an dem Pfarrhofe
wohnte, was in der Hochstraße bei weitem nicht
der Fall gewesen war. Ich war aber nicht der
einzige, der sich des Pfarrers annahm. Die alte
Sabine, seine Aushelferin, kam nicht nur öfter in
die Wohnung des Pfarrers herüber, als es eigentlich ihre Schuldigkeit gewesen wäre, sondern sie
brachte die meiste Zeit, die sie von ihrem eigenen
Hauswesen, das nur ihre einzige Person betraf,
absparen konnte, in dem Pfarrhofe zu, und
verrichtete die kleinen Dienste, die bei einem
Kranken notwendig waren. Außer dieser alten
Frau kam auch noch ein junges Mädchen, die
Tochter des Mannes, welcher in dem ersten
Stockwerke des Pfarrhofes zur Miete war. Das
Mädchen war bedeutend schön, es brachte dem
Pfarrer entweder eine Suppe oder irgend etwas
anderes, oder es erkundigte sich um sein Befinden,
oder es hinterbrachte die Frage des Vaters, ob
er dem Pfarrer in irgend einem Stücke beistehen
könne. Der Pfarrer hielt sich immer sehr stille,
wenn das Mädchen in das Zimmer trat, er regte
sich unter seiner Hülle nicht, und zog die Decke
bis an sein Kinn empor.

Auch der Schullehrer kam oft herüber, und
auch ein paar Amtsbrüder aus der Nachbarschaft

waren eingetroffen, um sich nach dem Befinden des Pfarrers zu erkundigen.

War es nun die Krankheit, welche den Mann weicher stimmte, oder war es der tägliche Umgang, der uns näher brachte, wir wurden seit der Krankheit des Pfarrers viel besser mit einander bekannt. Er sprach mehr, und teilte sich mehr mit. Ich saß an dem fichtenen Tische, der an seinem Bette stand, und kam pünktlich alle Tage an die Stelle. Da er nicht ausgehen konnte und nicht in das Steinkar kam, so mußte ich die Veränderungen, die dort vorkamen, berichten. Er fragte mich, ob die Brombeeren an dem Kulterloche schon zu reifen begännen, ob der Rasen gegen die Zirderhöhe, welchen der Frühling immer sehr schön grün färbe, schon im Vergelben und Ausdorren begriffen sei, ob die Hagebutten schon reiften, ob das Verwittern des Kalksteins vorwärts gehe, ob die in die Zirder gefallenen Stücke sich vermehrten, und der Sand sich vervielfältigte, und dergleichen mehr. Ich sagte es ihm, ich erzählte ihm auch andere Dinge, ich sagte ihm, wo wir gearbeitet hätten, wie weit wir vorgerückt wären, und wo wir morgen beginnen würden. Ich erklärte ihm hiebei manches, was ihm in unsern Arbeiten dunkel war. Auch las ich ihm zuweilen etwas vor; namentlich aus den Zeitungen, die ich mir wöchentlich zweimal durch einen Boten in das Steinkar herein bringen ließ.

Eines Tages, da die Krankheit sich schon bedeutend zum Besseren wendete, sagte er, er hätte eine Bitte an mich.

Als ich ihm erwiderte, daß ich ihm sehr gerne jeden Dienst erweise, der nur immer in meiner Macht stehe, daß er nur sagen solle, was er wolle, ich würde es gewiß tun, antwortete er: "Ich muß Ihnen, ehe ich meine Bitte ausspreche, erst etwas erzählen. Bemerken Sie wohl, ich erzähle es nicht, weil es wichtig ist, sondern damit Sie sehen, wie alles so gekommen ist, was jetzt ist, und damit Sie vielleicht geneigter werden, meine Bitte zu erfüllen. Sie sind immer sehr gut gegen mich gewesen, und Sie sind sogar neulich, wie ich erfahren habe, in die Stadt hinaus gefahren, um einen Arzt über meine Zustände zu befragen. Dies gibt mir nun den Mut, mich an Sie zu wenden.

"Ich bin der Sohn eines wohlhabenden Gerbers in unserer Hauptstadt. Mein Urgroßvater war ein Findling aus Schwaben, und wanderte mit dem Stabe in der Hand in unsere Stadt ein. Er lernte das Gerbergewerbe aus Güte mildtätiger Menschen, er besuchte dann mehrere Werkstätten, um in ihnen zu arbeiten, er ging in verschiedene Länder, um sich mit seinen Händen sein Brot zu verdienen, und dann die Art kennen zu lernen, wie überall das Geschäft betrieben wird. Unterrichtet kehrte er wieder in unsere Stadt zurück, und arbeitete in einer ansehnlichen Lederei. Dort zeichnete er sich durch seine Kenntnisse aus, er ward endlich Werkführer, und der Herr des Gewerbes vertraute ihm mehrere Geschäfte an, und übertrug ihm die Ausführung mancher Versuche zu neuen Bereitungen. Dabei versuchte sich der Urgroßvater in kleinen Handelsgeschäften, er kaufte mit geringen Mitteln Rohstoffe, und verkaufte sie wieder. So erwarb er sich ein kleines Vermögen. Da er schon an Jahren zunahm, kaufte er sich in der entfernten Vorstadt einen großen Garten, an den noch unbenützte Gründe stießen. Er baute auf diesem Grunde eine Werkstätte und ein Häuschen, heiratete ein armes Mädchen, und trieb nun als eigener Herr sein Gewerbe und seine Handelschaft. Er brachte es vorwärts, und starb als ein geachteter, bei den Geschäftsleuten angesehener Mann. Er hatte einen einzigen Sohn, meinen Großvater.

"Der Großvater trieb das Geschäft seines Vaters fort. Er dehnte es noch weiter aus. Er baute ein großes Haus am Rande des Gartens, daß die Fenster dahin gingen, wo in Zukunft eine Straße mit Häusern sein würde. Rückwärts des Hauses baute er die Werkstätten und Aufbewahrungsplätze. Der Großvater war überhaupt ein Freund des Bauens. Er baute außer dem Hause noch einen großen Hof, der zu weiteren Werkstätten und zu verschiedenen Teilen unseres Geschäftes benützt wurde. Die öden Gründe neben unserem Garten verkaufte er, und weil die Stadt einen großen Aufschwung nahm, so waren diese Gründe sehr teuer. Den Garten umgab er mit einer Mauer, die wieder regelmäßige Unterbrechungen mit Eisengittern hatte. Er brachte das Geschäft sehr empor, und legte die großen Kaufgewölbe an, in welchen die Waren, die wir selbst erzeugten, und die, mit welchen wir Handelschaft trieben, niedergelegt wurden. Der Großvater hatte wieder nur einen Sohn, der das Gewerbe weiter führte, meinen und meines Bruders Vater.

"Der Vater baute nur noch die Trockenböden auf das Stockwerk der Werkstätte, er baute an das Haus einen kleinen Flügel gegen den Garten, und baute ein Gewächshaus. Zu seiner Zeit war schon vor den Fenstern des Hauptgebäudes eine Straße entstanden, welche mit Häusern gesäumt, mit Steinen gepflastert und von Gehenden und Fahrenden besetzt war. Ich erinnere mich noch aus meiner Kindheit, daß unser Haus sehr groß und geräumig war, daß es viele Höfe und Fächer hatte, die zur Betreibung des Gewerbes dienten. Am liebsten erinnere ich mich noch des schönen Gartens, in dem Bäume und Blumen, Kräuter und Gemüse standen. In den Räumen der Gebäude und der Höfe gingen die von ihrer Arbeit in ihren Leinenkleidern fast gelbbraun gefärbten Gesellen herum, in dem großen Gewölbe zu ebener Erde und in den zwei kleinen daran stoßenden lagen Lederballen aufgetürmt, auf den Stangen des

Trockenbodens hingen Häute, und in den großen Austeilzimmern wurden sie gesondert und geordnet. In dem Verkaufsgewölbe lagen sie zierlich in den Fächern. Im Rinderstalle standen Kühe, im Pferdestalle waren sechs Pferde und in dem Wagenbehältnis Kutschen und Wägen, ich erinnere mich sogar noch auf den großen schwarzen Hund Hassan, der im großen Hofe war und bei dem Tore desselben jedermann hinein ließ, aber niemand hinaus.

"Unser Vater war ein großer, starker Mann, der in den weitläufigen Räumen des Hauses herum ging, alles besah und alles anordnete. Er ging fast nie aus dem Hause, außer wenn er Geschäfte hatte, oder in die Kirche ging; und wenn er zu Hause war, und nicht eben bei der Arbeit nachsah, so saß er an dem Schreibtische und schrieb. Öfter wurde er auch in dem Garten gesehen, wie er mit den Händen auf dem Rücken dahin ging, oder wie er so da stand und auf einen Baum hinauf sah, oder wie er die Wolken betrachtete. Er hatte eine Freude an der Obstzucht, hatte einen eigenen Gärtner hiefür genommen, und hatte Pfropfreiser aus allen Gegenden Europas verschrieben. Er war gegen seine Leute sehr gut, er hielt sie ausreichend, sah, daß einem jeden sein Teil werde, daß er aber auch tue, was ihm obliege. Wenn einer krank war, ging er selber zu seinem Bette, fragte ihn, wie er sich befinde, und reichte ihm oft selber die Arznei. Er hatte im Hause nur den allgemeinen Namen Vater. Dem Prunke war er abgeneigt, daß er eher zu schlicht und unscheinbar daher ging als zu ansehnlich, seine Wohnung war einfach, und wenn er in einem Wagen ausfuhr, so mußte es ein sehr bürgerlich aussehender sein.

"Wir waren zwei Brüder, Zwillinge, und die Mutter hatte bei unserer Geburt ihr Leben verloren. Der Vater hatte sie sehr hoch geehrt und daher keine Frau mehr genommen; denn er hat

43

sie nie vergessen können. Weil auf der Gasse zu
viel Lärm war, wurden wir in den hintern Flügel
gegen den Garten getan, den der Vater an das
Haus angebaut hatte. Es war eine große Stube,
in der wir waren, die Fenster gingen gegen den
Garten hinaus, die Stube war durch einen langen
Gang von der übrigen Wohnung getrennt, und
damit wir nicht bei jedem Ausgang durch den
vordern Teil des Hauses gehen mußten, ließ der
Vater in dem Gartenflügel eine Treppe bauen, auf
welcher man unmittelbar in den Garten und von
ihm ins Freie gelangen konnte.

"Nach dem Tode der Mutter hatte der Vater
die Leitung des Hauswesens einer Dienerin anvertraut, welche schon bei der Mutter, ehe sie
Braut wurde, in Diensten gestanden und gleichsam ihre Erzieherin gewesen war. Die Mutter
hatte sie auf ihrem Totenbette dem Vater
empfohlen. Sie hieß Luise. Sie führte über alles
die Leitung und Aufsicht, was die Speise und den
Trank betraf, was sich auf die Wäsche, auf die
Geschirre, auf die Geräte des Hauses, auf Reinigung der Treppen und Stuben, auf Beheizung und
Luftung bezog, kurz, über alles, was das innere
Hauswesen anbelangt. Sie stand an der Spitze
der Mägde. Sie besorgte auch die Bedürfnisse
von uns beiden Knaben.

"Da wir größer geworden waren, bekamen wir
einen Lehrer, der bei uns in dem Hause wohnte.
Es wurden ihm zwei schöne Zimmer hergerichtet,
die sich neben unserer Stube befanden, und mit
dieser Stube den ganzen hintern Teil des Flügels
ausmachten, der den Namen Gartenflügel führte.
Wir lernten von ihm, was alle Kinder zu Anfange
ihres Lernens vornehmen müssen: Buchstaben
kennen, Lesen, Rechnen, Schreiben. Der Bruder
war viel geschickter als ich, er konnte sich die
Buchstaben merken, er konnte sie zu Silben
verbinden, er konnte deutlich und in Absätzen

lesen, ihm kam in der Rechnung immer die rechte Zahl, und seine Buchstaben standen in der Schrift gleich und auf der nämlichen Linie. Bei mir war das anders. Die Buchstabennamen wollten mir nicht einfallen, dann konnte ich die Silbe nicht sagen, die sie mir vorstellten, und beim Lesen waren die großen Wörter sehr schwer, und es war eine Pein, wenn sehr lange kein Beistrich erschien. In der Rechnung befolgte ich die Regeln, aber es standen am Ende meistens ganz andere Zahlen da, als uns heraus kommen mußten. Bei dem Schreiben hielt ich die Feder sehr genau, sah fest auf die Linie, fuhr gleichmäßig auf und nieder, und doch standen die Buchstaben nicht gleich, sie senkten sich unter die Linie, sie sahen nach verschiedenen Richtungen, und die Feder konnte keinen Haarstrich machen. Der Lehrer war sehr eifrig, der Bruder zeigte mir auch vieles, bis ich die Sachen machen konnte. Wir hatten in der Stube einen großen eichenen Tisch, auf welchem wir lernten. An jeder der zwei Langseiten des Tisches waren mehrere Fächer angebracht, die heraus zu ziehen waren, wovon die eine Reihe dem Bruder diente, seine Schulsachen hinein zu legen, die andere mir. In jeder der hintern Ecken der Stube stand ein Bett, und neben dem Bett ein Nachttischchen. Die Tür unsers Zimmers stand nachts in das Schlafzimmer des Lehrers offen.

"Wir gingen sehr häufig in den Garten und beschäftigten uns dort. Wir fuhren oft mit unsern Schimmeln durch die Stadt, wir fuhren auch auf das Land, oder sonst irgend wo herum, und der Lehrer saß immer bei uns in dem Wagen. Wir gingen mit ihm auch aus, wir gingen entweder auf einer Bastei der Stadtmauer oder in einer Allee spazieren, und wenn etwas Besonderes in der Stadt ankam, das sehenswürdig war, und es der Vater erlaubte, so gingen wir mit ihm hin, es zu sehen.

"Als wir in den Gegenständen der unteren Schulen gut unterrichtet waren, kamen die Gegenstände der lateinischen Schule an die Reihe, und der Lehrer sagte uns, daß wir aus ihnen vor dem Direktor und vor den Professoren werden Prüfungen ablegen müssen. Wir lernten die lateinische und griechische Sprache, wir lernten die Naturgeschichte und Erdbeschreibung, das Rechnen, die schriftlichen Aufsätze und andere Dinge. In der Religion wurden wir von dem würdigen Kaplane unserer Pfarrkirche in unserem Hause unterrichtet, und der Vater ging uns in religiösen und sittlichen Dingen mit einem guten Beispiele voran. Aber wie es in dem früheren Unterrichte gewesen war, so war es hier auch wieder. Der Bruder lernte alles recht gut, er machte seine Aufgaben gut, er konnte das Lateinische und Griechische deutsch sagen, er konnte die Buchstabenrechnungen machen, und seine Briefe und Aufsätze waren, als hätte sie ein erwachsener Mensch geschrieben. Ich konnte das nicht. Ich war zwar auch recht fleißig, und im Anfang eines jeden Dinges ging es nicht übel, ich verstand es, und konnte es sagen und machen; aber wenn wir weiter vorrückten, entstand eine Verwirrung, die Sachen kreuzten sich, ich konnte mich nicht zurecht finden, und hatte keine Einsicht. In den Übertragungen aus der deutschen Sprache befolgte ich alle Regeln sehr genau, aber da waren immer bei einem Worte mehrere Regeln, die sich widersprachen, und wenn die Arbeit fertig war, so war sie voll Fehler. Ebenso ging es bei den Übertragungen in das Deutsche. Es standen in dem lateinischen oder griechischen Buche immer so fremde Worte, die sich nicht fügen wollten, und wenn ich sie in dem Wörterbuche aufschlug, waren sie nicht darin, und die Regeln, die wir in unserer Sprachlehre lernten, waren in den griechischen und lateinischen

46

Büchern nicht befolgt. Am besten ging es noch in zwei Nebengegenständen, die der Vater zu lernen befohlen hatte, weil wir sie in unserer Zukunft brauchen könnten, in der französischen und italienischen Sprache, für welche in jeder Woche zweimal ein Lehrer in das Haus kam. Der Bruder und unser Lehrer nahmen sich meiner sehr an, und suchten mir beizustehen. Aber da die Prüfungen kamen, genügte ich nicht, und meine Zeugnisse waren nicht gut.

"So vergingen mehrere Jahre. Da die Zeit vorüber war, welche der Vater zur Erlernung dieser Dinge bestimmt hatte, sagte er, daß wir jetzt unser Gewerbe lernen müßten, das er uns nach seinem Tode übergeben würde, und das wir gemeinsam so ehrenwert und ansehnlich fortzuführen hätten, wie es unsere und seine Vorfahren getan hätten. Er sagte, wir müßten auf die nämliche Weise unterrichtet werden wie unsere Voreltern, damit wir auf die nämliche Weise zu handeln verstünden wie sie. Wir müßten alle Handgriffe und Kenntnisse unseres Geschäftes von unten hinauf lernen, wir müßten zuerst arbeiten können, wie jeder gute und der beste Arbeiter in unserem Handwerke, damit wir den Arbeiter und die Arbeit beurteilen könnten, damit wir wüßten, wie die Arbeiter behandelt werden sollen, und damit wir von den Arbeitern geachtet würden. Dann erst sollten wir zur Erlernung der weiteren in der Handelschaft nötigen Dinge übergehen.

"Der Vater wollte, daß wir auch so leben sollten, wie unsere Arbeiter lebten, daß wir ihre Lage verstünden und ihnen nicht fremd wären. Er wollte daher, daß wir mit ihnen essen, wohnen und schlafen sollten. Unser bisheriger Lehrer verließ uns, indem er jedem von uns ein Buch zum Andenken hinterließ, wir zogen aus der Studierstube fort, und gingen in die Arbeiterwohnung hinüber.

"Der Vater hatte den besten Gesellen unseres Geschäftes, der zugleich Werkführer war, zu unserem Lehrmeister bestimmt, und uns überhaupt seiner Aufsicht übergeben. Wir bekamen jeder unsern Platz in seiner Werkstätte, waren mit dem Handwerkzeuge versehen, und mußten beginnen, wie jeder Lehrling. Zum Speisen kamen wir an den nämlichen Tisch, an dem alle unsere Arbeiter saßen, aber wir kamen an die untersten Plätze, wo sich die Lehrlinge befanden. Als Schlafgemach hatten wir auch das der Lehrlinge, an welches das Schlafzimmer des Werkführers stieß, der der einzige war, welcher ein eigenes Zimmer zum Schlafen hatte. Deshalb mußte er immer nicht nur ein sehr geschickter Arbeiter sein, sondern auch durch Rechtlichkeit, Sitte und Lebenswandel sich auszeichnen. Ein anderer wurde in unserem Hause zu dieser Stelle gar nicht genommen. Er hatte die besondere Aufsicht über die Lehrlinge, weil diese noch einer Erziehung bedurften. Zum Lager erhielten wir ein Bett wie die Lehrlinge, und zur Bekleidung hatten wir das Kleid aller unserer Arbeiter.

"So begann die Sache. Aber auch hier war es genau wieder so, wie es in allen vorhergegangenen Dingen gewesen war. Der Bruder arbeitete schnell, und seine Arbeitsstücke waren schön. Ich machte es genau so, wie der Lehrmeister es angab, aber meine Stücke wurden nicht so, wie sie sein mußten, und wurden nicht so schön wie die meines Bruders. Ich war aber außerordentlich fleißig. Des Abends saßen wir oft in der großen Gesprächstube der Arbeiter, und hörten ihren Reden zu. Es kamen auch böse Beispiele von Arbeitern vor, aber sie sollten uns nicht verlocken, sondern sie sollten uns befestigen und einen Abscheu einflößen. Der Vater sagte, wer leben soll, muß das Leben kennen, das Gute und das Böse davon, muß aber von dem Letzteren nicht angegriffen, sondern gestärkt werden. An solchen Abenden holte ich den Arbeitern gerne Dinge, um welche sie mich schickten, Wein Käse und andere Gegenstände. Sie hatten mich deshalb auch sehr lieb.

"Wenn wir in einer Werkstätte unterrichtet waren und die Sachen machen konnten, kamen wir in eine andere, bis wir endlich freigesprochen wurden und als Lehrlinge in die Handelschaft traten. Als wir auch da fertig waren, kamen wir in die Schreibstube zu den Schreibereien unseres Geschäftes.

"Da endlich nach geraumer Zeit unsere Lehrjahre vorüber waren, kamen wir in das Zimmer der Söhne vom Hause, und erhielten die einfachen Kleider, wie sie unser Vater zu tragen pflegte.

"Nicht lange nach der Zeit der Vollendung der Lehre, und da der Bruder schon überall zu den Geschäften beigezogen wurde, erkrankte der Vater. Er erkrankte nicht so ernstlich, daß eine Gefahr zu befürchten gewesen wäre, so wie er auch nicht in dem Bette liegen mußte, aber seine starke Gestalt nahm ab, sie wurde leichter, er ging viel in dem Hause und in dem Garten herum, und nahm sich nicht mehr so um die Geschäfte an, wie es früher seine Gewohnheit und seine Freude gewesen war.

"Der Bruder nahm sich um die Führung des Gewerbes an, ich brauchte mich nicht einzumischen, und der Vater blieb endlich den größten Teil des Tages, wenn er nicht eben in dem Garten war, in seinem Wohnzimmer.

"Um jene Zeit tat ich die Bitte, daß man erlauben möge, daß ich wieder unsere alte Studierstube beziehen und dort wohnen dürfe. Man gewährte die Bitte, und ich schaffte meine Habseligkeiten durch den langen Gang in die Stube. Weil der Vater in dem Geschäfte keine Anordnungen und keine Befehle erteilte, und weil mir der Bruder keine Arbeit auftrug, hatte ich

Muße, zu tun, was ich wollte. Da man mir damals, als ich in unseren Lehrgegenständen keine genügenden Zeugnisse erhalten hatte, keinen Vorwurf gemacht hatte, so beschloß ich, jetzt alles nachzuholen und alles so zu lernen, wie es sich gebührte. Ich nahm ein Buch aus der Lade, setzte mich dazu, und las den Anfang. Ich verstand alles, und lernte es, und merkte es mir. Am andern Tage wiederholte ich das, was ich an dem vorigen Tage gelernt hatte, versuchte, ob ich es noch wisse, und lernte ein neues Stück dazu. Ich gab mir nur Weniges zur Aufgabe, aber ich suchte, es zu verstehen und es gründlich in meinem Gedächtnisse aufzubewahren. Ich gab mir auch Aufgaben zur Ausarbeitung, und sie gelangen. Ich suchte die Aufgaben hervor, welche uns damals von unserem Lehrer gegeben worden waren, machte sie noch einmal, und machte jetzt keinen Fehler. Wie ich es mit dem einen Buche gemacht hatte, machte ich es auch mit den andern. Ich lernte sehr fleißig, und nach und nach war ich schier den ganzen Tag in der Stube beschäftigt. Wenn ich eine freie Zeit hatte, so saß ich gerne nieder, nahm das Buch in die Hand, welches mir mein Lehrer zum Andenken gegeben hatte, und dachte an den Mann, der damals bei uns gewesen war.

"In der Stube war alles geblieben, wie es einst gewesen war. Der große eichene Tisch stand noch in der Mitte, er hatte noch die Male, die wir entweder absichtlich mit dem Messer oder zufällig mit andern Werkzeugen in sein Holz gebracht hatten, er zeigte noch die vertrockneten Tintenbäche, welche entstanden waren, wenn mit dem Tintengefäße ein Unglück geschehen war, und wenn mit allem Waschen und Reiben keine Abhilfe mehr gebracht werden konnte. Ich zog die Fächer heraus. Da lagen noch in den meinigen meine Lehrbücher mit dem Rötel- oder Bleifederzeichen in ihrem Innern, wie weit wir zu lernen hätten; es lagen noch die Papierhefte darinnen. in welchen die Ausarbeitungen unserer Aufgaben geschrieben waren, und es leuchteten die mit roter Dinte gemachten Striche des Lehrers hervor, die unsere Fehler bedeuteten; es lagen noch die veralteten, bestaubten Federn und Bleistiften darinnen. Eben so war es in den Fächern des Bruders. Auch in ihnen lagen seine alten Lerngeräte in bester Ordnung beisammen. Ich lernte jetzt an demselben Tische meine Aufgaben, an welchem ich sie vor ziemlich vielen Jahren gelernt hatte. Ich schlief in dem nämlichen Bette, und hatte das Nachttischchen mit dem Lichte daneben. Das Bett des Bruders aber blieb leer, und war immer zugedeckt. In den zwei Zimmern, in welchen damals der Lehrer gewohnt hatte, hatte ich einige Kästen mit Kleidern und anderen Sachen, sonst waren sie auch unbewohnt, und hatten nur noch die alten Geräte. So war ich der einzige Bewohner des hintern Gartenflügels, und dieser Zustand dauerte mehrere Jahre.

"Plötzlich starb unser Vater. Mein Schreck war fürchterlich. Kein Mensch hatte geglaubt, daß es so nahe sei, und daß es überhaupt eine Gefahr geben könnte. Er hatte sich zwar in der letzten Zeit immer mehr zurückgezogen, seine Gestalt war etwas verfallen, auch brachte er oft mehrere Tage in dem Bette zu; allein wir hatten uns an diesen Zustand so gewöhnt, daß er uns zuletzt auch als ein regelmäßiger erschien, jeder Hausbewohner sah ihn als den Vater an, der Vater gehörte so notwendig zu dem Hause, daß man sich seinen Abgang nicht denken konnte, und ich habe mir wirklich nie gedacht, daß er sterben könnte, und daß er so krank sei. In dem ersten Augenblicke war alles in Verwirrung, dann aber wurden die Leichenvorbereitungen gemacht. Mit seinem Leichenzuge gingen alle Armen des

Stadtbezirkes, es gingen die Männer seines Geschäftes mit, seine Freunde, viele Fremde, die Arbeiter seines Hauses und seine zwei Söhne. Es wurden sehr viele Tränen geweint, wie man um wenige Menschen des Landes weint, und die Leute sagten, daß ein vortrefflicher Mann, ein auserlesener Bürger und ein ehrenvoller Geschäftsmann begraben worden sei. Nach einigen Tagen wurde das Testament eröffnet, und in demselben stand, daß wir beiden Brüder als Erben eingesetzt seien, und uns das Geschäft gemeinschaftlich zugefallen sei.

"Der Bruder sagte mir nach einiger Zeit, daß die ganze Last des Geschäftes nun auf unsern Schultern liege, und ich eröffnete ihm hiebei, daß ich das Lateinische, Griechische, die Naturgeschichte, die Erdbeschreibung und die Rechenkunst, worin ich damals, als wir unterrichtet wurden, geringe Fortschritte gemacht hatte, nachgelernt hätte, und daß ich jetzt beinahe vollkommen in diesen Dingen bewandert wäre. Er aber antwortete mir, daß Lateinisch, Griechisch und die übrigen Fächer zu unserem Berufe nicht geradehin notwendig seien, und daß ich zu spät diese Mühe verwendet hätte. Ich erwiderte ihm, daß, so wie ich diese Lernfächer nachgelernt hätte, ich auch alle die Arbeiten und Kenntnisse, die zu unserem Geschäfte unmittelbar notwendig wären, allmählich nachlernen würde. Hierauf sagte er wieder, daß, wenn das Geschäft auf mich warten müßte, ich zu einer Zeit fertig werden würde, wenn es bereits zu Grunde gegangen wäre. Er versprach aber, daß er sich so annehmen werde, wie es in seinen Kräften möglich sei, und daß er mir überlasse zu tun, wie es mir gefalle, daß ich Einsicht nehmen könne, daß ich mithelfen könne, daß ich noch lernen könne, und daß mein Teil mir aber in jedem Falle unverkümmert bewahrt werden solle.

"Ich ging wieder in die Studierstube zurück, mischte mich in die Geschäfte nicht, weil ich sie wohl nicht verstand, und er ließ mich dort. Ja er schickte mir sogar bessere Geräte, und versah mich mit mehreren Bequemlichkeiten, daß der Aufenthalt in der Stube mir nicht unangenehm würde. Nach einiger Zeit erschien er mit dem Rechtsanwalte unseres Hauses, mit Personen des Gerichtes und mit Zeugen, welche Freunde unsers Vaters gewesen waren, und gab mir ein gerichtliches Papier, auf welchem verzeichnet war, was ich für Ansprüche an die Erbschaft habe, welcher mein Teil sei, und was mir in der Zukunft gebühre. Der Bruder, die Zeugen und ich unterschrieben die Schrift.

"Ich fuhr nun mit dem Lernen fort, der Bruder leitete den ganzen Umfang des Geschäftes. Nach einem Vierteljahre brachte er mir eine Summe Geldes, und sagte, das seien die Zinsen, welche mir von meinem Anteile an der Erbschaft, der in dem Gewerbe tätig sei, gebühren. Er sagte, daß er mir alle Vierteljahre diese Summe einhändigen werde. Er fragte mich, ob ich zufrieden sei, und ich antwortete, daß ich sehr zufrieden sei.

"Nachdem so wieder eine Zeit vergangen war, stellte er mir einmal vor, daß mein Lernen doch zu etwas führen müsse, und er fragte mich, ob ich nicht geneigt wäre, zu einem der gelehrten Stände hinzuarbeiten, zu denen die Dinge, mit welchen ich mich jetzt beschäftige, die Vorarbeit seien. Als ich ihm antwortete, daß ich nie darüber nachgedacht habe, und daß ich nicht wisse, welcher Stand sich für mich ziemen könnte, sagte er, das sei jetzt auch nicht notwendig, ich möchte nur aus den Kenntnissen, die ich mir jetzt erworben hätte, nach und nach die Prüfungen ablegen, damit ich beglaubigte Schriften über meine Anwartschaft in den Händen hätte, ich möchte

mir die fehlenden Wissenschaften noch zu er-
werben trachten und mich über sie gleichfalls
Prüfungen unterziehen, und wenn dann der
Zeitpunkt gekommen wäre, mich für einen be-
sondern Stand zu entscheiden, hätte ich wieder
mehr Erfahrungen gesammelt, und sei dann
leichter in der Lage, mich zu bestimmen, wohin
ich mich zu wenden hätte.

"Mir gefiel der Vorschlag recht gut, und ich
sagte zu. Nach einiger Zeit machte ich die ersten
Prüfungen aus den unteren Fächern, und sie fielen
außerordentlich gut aus. Dies machte mir Mut,
und ich ging mit Eifer an die Erlernung der
weiteren Kenntnisse. Mir zitterte innerlich das
Herz vor Freude, daß ich einmal einem jener
Stände, die ich immer mit so vieler Ehrfurcht
betrachtet hatte, die der Welt mit ihren Wissenschaften und mit ihrer Geschicklichkeit dienen,
angehören sollte. Ich arbeitete sehr fleißig, ich
kargte mir die Zeit ab, ich kam wenig in die
andern Räume des Hauses hinüber, und nachdem
wieder eine Zeit vergangen war, konnte ich
abermals eine Prüfung mit gutem Erfolge ablegen.

"So war ich vollständig ein Bewohner des hintern Gartenflügels geworden, durfte es bleiben,
und konnte mich mit gutem Gewissen meinen
Bestrebungen hingeben.

"An unsern hinteren Gartenteil stieß ein
zweiter Garten, der aber eigentlich kein Garten
war, sondern mehr ein Anger, auf dem hie und
da ein Baum stand, den niemand pflegte. Hart
an einem Eisengitter unseres Gartens ging der
Weg vorüber, der in dem fremden Garten war.
Ich sah in jenem Garten immer sehr schöne
weiße Tücher und andere Wäsche auf langen
Schnüren aufgehängt. Ich blickte oft teils aus
meinen Fenstern, teils durch das Eisengitter,
wenn ich eben in dem Garten war, darauf hin.
Wenn sie trocken waren, wurden sie in einen

Korb gesammelt, während eine Frau dabei stand und es anordnete. Dann wurden wieder nasse aufgehängt, nachdem die Frau die zwischen Pflöcken gespannten Schnüre mit einem Tuche abgewischt hatte. Diese Frau war eine Witwe. Ihr Gatte hatte ein Amt gehabt, das ihn gut nährte. Kurz nach seinem Tode war auch sein alter gütiger Herr gestorben, und der Sohn desselben hatte ein so hartes Herz, daß er der Witwe nur so viel gab, daß sie nicht gerade verhungerte. Sie mietete daher das Gärtchen, das an unsern Garten stieß, sie mietete auch das kleine Häuschen, welches in dem Garten stand. Mit dem Gelde, das ihr ihr Gatte hinterlassen hatte, richtete sie nun das Häuschen und den Garten dazu ein, daß sie für die Leute, welche ihr das Vertrauen schenken würden, Wäsche besorgte, feine und jede andere. Sie ließ in dem Häuschen Kessel einmauern und andere Vorrichtungen machen, um die Wäsche zu sieden und die Laugen zu bereiten. Sie ließ Waschstuben herrichten, sie bereitete Orte, wo geglättet und gefaltet wurde, und für Zeiten des schlechten Wetters und des Winters ließ sie einen Trockenboden aufführen. In dem Garten ließ sie Pflöcke in gleichen Entfernungen von einander einschlagen, an den Pflöcken Ringe befestigen, und durch die Ringe Schnüre ziehen, welche oft gewechselt wurden. Hinter dem Häuschen ging ein Bach vorüber, welcher die Witwe verleitet hatte, hier ihre Waschanstalt zu errichten. Von dem Bache führten Pumprinnen in die Kessel, und über dem Wasser des Baches war eine Waschhütte erbaut. Die Frau hatte viele Mägde genommen, welche arbeiten und die Sache gehörig bereiten mußten, sie stand dabei, ordnete an, zeigte, wie alles richtig zu tun sei, und da sie die Wäsche nicht mit Bürsten und groben Dingen behandeln ließ, und darauf sah, daß sie sehr weiß sei, und daß das Schlechte ausgebessert wurde, so bekam sie sehr viele Kundschaften, sie mußte ihre Anstalt erweitern und mehr Arbeiterinnen nehmen, und nicht selten kam manche vornehme Frau und saß mit ihr unter dem großen Birnbaume des Gartens.

"Diese Frau hatte auch ein Töchterlein, ein Kind, nein, es war doch kein Kind mehr — ich wußte eigentlich damals nicht, ob es noch ein Kind sei oder nicht. Das Töchterlein hatte sehr feine rote Wangen, es hatte feine rote Lippen, unschuldige Augen, die braun waren und freundlich um sich schauten. Über die Augen hatte es Lider, die groß und sanft waren, und von denen lange Wimpern nieder gingen, die zart und sittsam aussahen. Die dunkeln Haare waren von der Mutter glatt und rein gescheitelt, und lagen schön an dem Haupte. Das Mädchen trug manchmal ein längliches Körbchen von feinem Rohre; über dem Körbchen war ein weißes, sehr feines Tuch gespannt, und in dem Körbchen mochte ganz auserlesene Wäsche liegen, welche das Kind zu einer oder der andern Frau zu tragen hatte.

"Ich sah es gar so gerne an. Manchmal stand ich an dem Fenster und sah auf den Garten hinüber, in welchem immer ohne Unterbrechung, außer wenn es Nacht wurde oder schlechtes Wetter kam, Wäsche an den Schnüren hing, und ich hatte die weißen Dinge sehr lieb. Da kam zuweilen das Mädchen heraus, ging auf dem Anger hin und wider, und hatte mancherlei zu tun, oder ich sah es, obwohl das Häuschen sehr unter Zweigen versteckt war, an dem Fenster stehen und lernen. Ich wußte bald auch die Zeit, an welcher es die Wäsche fort trug, und da ging ich manchmal in den Garten hinunter und stand an dem eisernen Gitter. Da der Weg an dem Gitter vorüber ging, mußte das Mädchen an mir vorbei kommen. Es wußte recht wohl, daß ich da stehe; denn es schämte sich immer, und nahm sich im Gange zusammen.

"Eines Tages, da ich die Wäscheträgerin von ferne kommen sah, legte ich schnell einen sehr schönen Pfirsich, den ich zu diesem Zwecke schon vorher gepflückt hatte, durch die Öffnung der Gitterstäbe hinaus auf ihren Weg, und ging in das Gebüsche. Ich ging so tief hinein, daß ich sie nicht sehen konnte. Als schon so viele Zeit vergangen war, daß sie lange vorüber gekommen sein mußte, ging ich wieder hervor; allein der Pfirsich lag noch auf dem Wege. Ich wartete nun die Zeit ab, wann sie wieder zurück kommen würde. Aber da sie schon zurück gekommen war, und ich nachsah, lag der Pfirsich noch auf dem Wege. Ich nahm ihn wieder herein. Das nämliche geschah nach einer Zeit noch einmal. Beim dritten Male blieb ich stehen, als der Pfirsich mit seiner sanften roten Wange auf dem Sande lag, und sagte, da sie in die Nähe kam: 'Nimm ihn.' Sie blickte mich an, zögerte ein Weilchen, bückte sich dann, und nahm die Frucht. Ich weiß nicht mehr, wo sie dieselbe hingesteckt hatte, aber das weiß ich gewiß, daß sie sie genommen hatte. Nach Verlauf von einiger Zeit tat ich dasselbe wieder, und sie nahm wieder die Frucht. So geschah es mehrere Male, und endlich reichte ich ihr den Pfirsich mit der Hand durch das Gitter.

"Zuletzt kamen wir auch zum Sprechen. Was wir gesprochen haben, weiß ich nicht mehr. Es muß gewöhnliches Ding gewesen sein. Wir nahmen uns auch bei den Händen.

"Mit der Zeit konnte ich nicht mehr erwarten, wenn sie mit dem Körbchen kam. Ich stand alle Mal an dem Gitter. Sie blieb stehen, wenn sie zu mir gekommen war, und wir redeten mit einander. Einmal bat ich sie, mir die Dinge in dem Körbchen zu zeigen. Sie zog den linnenen Deckel mit kleinen Schnürchen auseinander und

zeigte mir die Sachen. Da lagen Krausen, feine
Ärmel und andere geglättete Dinge. Sie nannte
mir die Namen, und als ich sagte, wie schön das
sei, erwiderte sie: 'Die Wäsche gehört einer alten
Gräfin, einer vornehmen Frau, ich muß sie ihr
immer selber hin tragen, daß ihr nichts geschieht,
weil sie so schön ist.' Da ich wieder sagte: 'Ja, das
ist schön, das ist außerordentlich schön,' antwortete sie: 'Freilich ist es schön, meine Mutter
sagt: die Wäsche ist nach dem Silber das erste
Gut in einem Hause, sie ist auch feines weißes
Silber, und kann, wenn sie unrein ist, immer
wieder zu feinem weißem Silber gereinigt werden.
Sie gibt unser vornehmstes und nächstes Kleid.
Darum hat die Mutter auch so viele Wäsche
gesammelt, daß wir nach dem Tode des Vaters
genug hatten, und darum hat sie auch die
Reinigung der Wäsche für andere Leute über-
nommen, und läßt nicht zu, daß sie mit rauhen
und unrechten Dingen angefaßt werde. Das
Gold ist zwar auch kostbar, aber es ist kein
Hausgeräte mehr, sondern nur ein Schmuck.' Ich
erinnerte mich bei diesen Worten wirklich, daß
ich an dem Körper der Sprechenden immer am
Rande des Halses oder an den Ärmeln die feinste
weiße Wäsche gesehen hatte, und daß ihre Mutter
immer eine schneeweiße Haube mit feiner Krause
um das Angesicht trug.

"Von diesem Augenblicke an begann ich von
dem Gelde, welches mir der Bruder alle Vierteljahre zustellte, sehr schöne Wäsche, wie die der
vornehmen Gräfin war, anzuschaffen, und mir alle
Arten silberne Hausgeräte zu kaufen.

"Einmal, da wir so bei einander standen, kam
die Mutter in der Nähe vorüber und rief: 'Johanna,
schäme dich.' Wir schämten uns wirklich, und
liefen auseinander. Mir brannten die Wangen vor
Scham, und ich wäre erschrocken, wenn mir jemand im Garten begegnet wäre.

"Von der Zeit an sahen wir uns nicht mehr an dem Gitter. Ich ging jedes Mal in den Garten, wenn sie vorüber kam, aber ich blieb in dem Gebüsche, daß sie mich nicht sehen konnte. Sie ging mit geröteten Wangen und mit niedergeschlagenen Augen vorüber.

"Ich ließ nun in die zwei Zimmer, die an meine Wohnstube stießen, Kästen stellen, von denen ich die oberen Fächer hatte schmal machen lassen, in welche ich das Silber hineinlegte, die unteren aber breit, in welche ich die Wäsche tat. Ich legte das Zusammengehörige zusammen, und umwand es mit rotseidenen Bändern.

"Nach geraumer Zeit sah ich das Mädchen lange nicht an dem eisernen Gitter vorüber gehen, ich getraute mir nicht zu fragen, und als ich endlich doch fragte, erfuhr ich, daß es in eine andere Stadt gegeben worden sei, und daß es die Braut eines fernen Anverwandten werden würde.

"Ich meinte damals, daß ich mir die Seele aus dem Körper weinen müsse.

"Aber nach einiger Zeit ereignete sich etwas Furchtbares. Mein Bruder hatte einen großen Wechsler, der ihm stets auf Treu und Glauben das Geld für laufende Ausgaben bis zu einer festgesetzten Summe lieferte, um sich nach Umständen immer wieder auszugleichen. Ich weiß es nicht, haben andere Leute meinem Bruder den Glauben untergraben, oder hat der Wechsler selber, weil zwei Handelschaften, die uns bedeutend schuldeten, gefallen waren und uns um unsern Reichtum brachten, Mißtrauen geschöpft: er weigerte sich fortan, die Wechsel unseres Hauses zu zahlen. Der Bruder sollte mehrere mit Summen decken, und es fehlte hinlängliches bares Geld dazu. Die Freunde, an welche er sich wendete, schöpften selber Mißtrauen, und so kam es, daß die Wechselgläubiger die Klage anstellten, daß unser Haus, unsere

andern Besitzungen und unsere Waren abge-
schätzt wurden, ob sie hinreichen, ohne daß man
an unsere ausstehenden Forderungen zu greifen
hätte. Da nun dies bekannt wurde, kamen alle,
welche eine Foderung hatten, und wollten sie
erfüllt haben; aber die, welche uns schuldeten,
kamen nicht. Der Bruder wollte mir nichts ent-
decken, damit ich mich nicht kränkte, er gedachte
es noch vorüber zu führen. Allein da der Verkauf
unseres Hauses zu sofortiger Deckung der Wech-
selschulden angeordnet wurde, konnte er es mir
nicht mehr verbergen. Er kam auf meine Stube,
und sagte mir alles. Ich gab ihm das Geld, das
ich hatte; denn meine Bedürfnisse waren sehr
gering gewesen, und ich hatte einen großen Teil
meiner Einkünfte ersparen können. Ich öffnete
die schmalen oberen Fächer meiner Kästen, und
legte alles mein Silber auf unsern eichenen
Lerntisch heraus und bot es ihm an. Er sagte,
daß das nicht reiche, um das Haus und das
Geschäft zu retten, und er weigerte sich, es anzunehmen. Auch das Gericht machte keine
Foderung an mich, aber ich konnte es nicht leiden,
daß mein Bruder etwas unerfüllt ließe und sein
Gewissen belastete, ich tat daher alles zu den
andern Werten. Es reichte zusammen hin, daß
allen Gläubigern ihre Foderungen ausgezahlt und
sie bis auf das Genaueste befriediget werden
konnten. Allein unser schönes Haus mit seinem
hinteren Flügel und unser schöner Garten war
verloren.

"Ich weiß nicht, welche andere Schläge noch
kamen; aber auch die Aussicht, mit dem ausstehenden Gelde noch ein kleines Geschäft einzuleiten, und uns nach und nach wieder empor zu
schwingen, war in kurzer Zeit vereitelt.

"Mein Bruder, welcher unverheiratet war,
grämte sich so, daß er in ein Fieber verfiel und
starb. Ich allein und mehrere Menschen, denen

er Gutes getan hatte, gingen mit der Leiche. Da vom Urgroßvater her immer nur ein Sohn als einziges Kind und Nachfolger bis auf uns beide Brüder gewesen war, da auch die Haushälterin Luise schon länger vorher mit Tod abgegangen war, so hatte ich keinen Verwandten und keinen Bekannten mehr.

"Ich hatte den Gedanken gefaßt, ein Verkünder des Wortes des Herrn, ein Priester, zu werden. Wenn ich auch unwürdig wäre, dachte ich, so könnte mir doch Gott seine Gnade verleihen, zu erringen, daß ich nicht ein ganz verwerflicher Diener und Vertreter seines Wortes und seiner Werke sein könnte.

"Ich nahm meine Zeugnisse und Schriften zusammen, ging in die Priesterbildungsanstalt und bat beklemmt um Aufnahme. Sie wurde mir gewährt. Ich zog zur festgesetzten Zeit in die Räume ein, und begann meine Lernzeit. Sie ging gut vorüber, und als ich fertig war, wurde ich zum Diener Gottes geweiht. Ich tat meine ersten Dienste bei älteren Pfarrern als Mitarbeiter in der Seelsorge, die ihnen anvertraut war. Da kam ich in verschiedene Lagen, und lernte Menschen kennen. Von den Pfarrern lernte ich in geistlichen und weltlichen Eigenschaften. Als eine solche Reihe von Jahren vergangen war, daß man es mir nicht mehr zu arg deuten konnte, wenn ich um eine Pfarre einkäme, bat ich um die jetzige, und erhielt sie. Ich bin nun über siebenundzwanzig Jahre hier, und werde auch nicht mehr weg gehen. Die Leute sagen, die Pfarre sei schlecht, aber sie trägt schon, wovon ein Verkünder des Evangeliums leben kann. Sie sagen, die Gegend sei häßlich, aber auch das ist nicht wahr, man muß sie nur gehörig anschauen. Meine Vorgänger sind von hier auf andere Pfarrhöfe versetzt worden. Da aber meine jetzt lebenden Mitbrüder, die in meinen Jahren und etwas

jünger sind, sich während ihrer Vorbereitungszeit
sehr auszeichneten und mir in allen Eigenschaften
überlegen sind, so werde ich nie bitten, von hier
auf einen anderen Platz befördert zu werden.
Meine Pfarrkinder sind gut, sie haben sich manchem meiner lehrenden Worte nicht verschlossen,
und werden sich auch ferner nicht verschließen.

"Dann habe ich noch einen anderen, welt-
licheren und einzelneren Grund, weshalb ich an
dieser Stelle bleibe. Sie werden denselben schon
einmal später erfahren, wenn Sie nämlich die
Bitte, die ich an Sie stellen will, erhören. Ich
komme nun zu dieser Bitte, aber ich muß noch
etwas sagen, ehe ich sie ausspreche. Ich habe zu
einem Zwecke in diesem Pfarrhofe zu sparen
angefangen, der Zweck ist kein schlechter, er
betrifft nicht bloß ein zeitliches Wohl, sondern
auch ein anderes. Ich sage ihn jetzt nicht, er wird
schon einmal kund werden; aber ich habe um
seinetwillen zu sparen begonnen. Von dem
Vaterhause habe ich kein Vermögen mitgebracht;
was noch an Gelde eingegangen ist, wurde zu
verschiedenen Dingen verwendet, und seit Jahren
ist nichts mehr eingegangen. Ich habe von dem
väterlichen Erbe nur das einzige Kruzifix, welches
an meiner Tür dort über dem Weihbrunngefäße
hängt. Der Großvater hat es einmal in Nürnberg
gekauft, und der Vater hat es mir, weil es mir
stets gefiel, geschenkt. So fing ich also an, von den
Mitteln meines Pfarrhofes zu sparen. Ich legte
einfache Kleider an, und suche sie lange zu
erhalten, ich verabschiedete das Bett, und legte
mich auf die Bank in dem Vorhause, und tat die
Bibel zum Zeugen und zur Hilfe unter mein
Haupt. Ich hielt keine Bedienung mehr, und
mietete mir die Dienste der alten Sabine, die für
mich hinreichen. Ich esse, was für den menschlichen Körper gut und zuträglich ist. Den oberen
Teil des Pfarrhofes habe ich vermietet. Ich habe

schon zweimal darüber einen Verweis von dem hochwürdigen bischöflichen Konsistorium erhalten, aber jetzt lassen sie es geschehen. Weil die Leute bei mir bares Geld vermuteten, was auch wahr gewesen ist, so bin ich dreimal desselben beraubt worden, aber ich habe wieder von vorne angefangen. Da die Diebe nur das Geld genommen hatten, so suchte ich es ihnen zu entrücken. Ich habe es gegen Waisensicherheit angelegt, und wenn kleine Zinsen anwachsen, so tue ich sie stets zu dem Kapitale. So bin ich nun seit vielen Jahren nicht behelligt worden. In der langen Zeit ist mir mein Zustand zur Gewohnheit geworden, und ich liebe ihn. Nur habe ich eine Sünde gegen dieses Sparen auf dem Gewissen: ich habe nämlich noch immer das schöne Linnen, das ich mir in der Stube in unserem Gartenflügel angeschafft hatte. Es ist ein sehr großer Fehler, aber ich habe versucht, ihn durch noch größeres Sparen an meinem Körper und an anderen Dingen gut zu machen. Ich bin so schwach, ihn mir nicht abgewöhnen zu können. Es wäre gar zu traurig, wenn ich die Wäsche weggeben müßte. Nach meinem Tode wird sie ja auch etwas eintragen, und den ansehnlicheren Teil gebrauche ich ja gar nicht."

Ich wußte nun, weshalb er sich seiner herrlichen Wäsche schämte.

"Es ist mir nicht lieb," fuhr er fort, "daß ich hier den Menschen nicht so helfen kann, wie ich möchte; aber ich kann es dem Zwecke nicht entziehen, und es können ja nicht alle Menschen im ganzen Umfange wohltun, wie sie wünschten, dazu wäre der größte Reichtum nicht groß genug.

"Sehen Sie, nun habe ich Ihnen alles gesagt, wie es mit mir gewesen ist, und wie es noch mit mir ist. Jetzt kömmt meine Bitte, Sie werden sie mir vielleicht, wenn Sie an alles denken, was ich Ihnen erzählt habe, gewähren. Sie ist aber be-

schwerlich zu erfüllen, und nur Ihre Freundlich-
keit und Güte erlaubt mir sie vorzubringen. Ich
habe mein Testament bei dem Gerichte zu
Karsberg in dem Schlosse nieder gelegt. Ich
vermute, daß es dort sicher ist, und ich habe den
Empfangsschein hier in meinem Hause. Aber alle
menschlichen Dinge sind wandelbar, es kann
Feuer, Verwüstung, Feindeseinbruch oder sonst
ein Unglück kommen und das Testament ge-
fährden. Ich habe daher noch zwei gleich-
lautende Abschriften verfaßt, um sie so sicher als
möglich nieder zu legen, daß sie nach meinem
Tode zum Vorscheine kommen mögen und ihr
Zweck erfüllt werde. Da wäre nun meine Bitte,
daß Sie eine Abschrift in Ihre Hände nähmen
und aufbewahrten. Die andere behalte ich entweder hier, oder ich gebe sie auch jemanden,
daß er sie ebenfalls zu ihrem Zwecke aufbewahre.
Freilich müßten Sie da erlauben, daß ich Ihnen,
wenn Sie von dieser Gegend scheiden, von Zeit
zu Zeit einen kleinen Brief schreibe, worin ich
Ihnen sage, daß ich noch lebe. Wenn die Briefe
ausbleiben, so wissen Sie, daß ich gestorben bin.
Dann müßten Sie das Testament durch ganz
sichere Hände und gegen Bescheinigung nach
Karsberg gelangen lassen, oder überhaupt dorthin,
wo die Ämter sind, die es in Erfüllung bringen
können. Es ist das alles nur zur Vorsicht, wenn
das gerichtlich niedergelegte verloren gehen sollte.
Das Testament ist zugesiegelt, und den Inhalt
werden Sie nach meinem Tode erfahren, wenn
Sie nämlich nicht abgeneigt sind, meine Bitte zu
erfüllen."

Ich sagte dem Pfarrer, daß ich mit Freuden in
seinen Wunsch eingehe, daß ich das Papier so
sorgfältig bewahren wolle, wie meine eigenen
besten Sachen, deren Vernichtung mir unersetzlich
wäre, und daß ich allen seinen Weisungen gerne
nachkommen wolle. Übrigens hoffe ich, daß der

Zeitpunkt noch sehr ferne sei, wo das Testament und seine zwei andern Genossen entsiegelt werden würden.

"Wir stehen alle in Gottes Hand," sagte er, "es kann heute sein, es kann morgen sein, es kann noch viele Jahre dauern. Zum Zwecke, den ich neben meinen Seelsorgerpflichten verfolge, wünsche ich, daß es nicht so bald sei; aber Gott weiß, wie es gut ist, und er bedarf zuletzt auch zur Krönung dieses Werkes meiner nicht."

"Da aber auch ich vor Ihnen sterben könnte," erwiderte ich, "so werde ich zur Sicherheit eine geschriebene Verfügung zu dem Testamente legen, wodurch meine Verpflichtung in andere Hände übergehen soll."

"Sie sind sehr gut," antwortete er, "ich habe gewußt, daß Sie so freundschaftlich sein werden, ich habe es gewiß gewußt. Hier wäre das Papier."

Mit diesen Worten zog er unter seinem Hauptkissen ein Papier hervor. Dasselbe war gefaltet und mit drei Siegeln gesiegelt. Er reichte es in meine Hand. Ich betrachtete die Siegel, sie waren rein und unverletzt und trugen ein einfaches Kreuz. Auf der obern Seite des Papiers standen die Worte: Letzter Wille des Pfarrers im Kar. Ich ging an den Tisch, nahm ein Blatt aus meiner Brieftasche, schrieb darauf, daß ich von dem Pfarrer im Kar an dem bezeichneten Tage ein mit drei Siegeln, die ein Kreuz enthalten, versiegeltes Papier empfangen habe, das die Aufschrift 'Letzter Wille des Pfarrers im Kar' trage. Diese Bescheinigung reichte ich ihm dar, und er schob sie ebenfalls unter das Kissen seines Hauptes. Das Testament tat ich einstweilen in die Tasche, in welcher ich meine Zeichnungen und Arbeiten hatte.

Nach dieser Unterredung blieb ich noch eine geraume Zeit bei dem Pfarrer, und das Gespräch wendete sich auf andere, gleichgültigere Gegenstände. Es kam Sabine herein, um ihm Speise zu bringen, es kam das Mädchen aus dem ersten Stockwerke herunter, um sich nach seinem Befinden zu erkundigen. Da die Sterne an dem hohen Himmel standen, ging ich durch das bleiche Gestein und den weichen Sand in meine Hütte, und dachte an den Pfarrer. Ich tat das Testament vorerst in meinen Koffer, wo ich meine besten Sachen hatte, um es später in meinem Hause gut zu verwahren.

Die Zeit nach der Erzählung des Pfarrers ging mir in meinem Steingewirre dahin, wie sie mir vorher dahingegangen war. Wir maßen, und arbeiteten, und zeichneten; ich sammelte mir unter Tags Stoff, besuchte gegen Abend den Pfarrer, saß ein paar Stunden an seinem Bette, und arbeitete dann in der Nacht in meiner Hütte, während mir einer meiner Leute auf einem Notherde derselben einen schmalen Braten briet.

Nach und nach wurde der Pfarrer besser, endlich stand er auf, wie es der Arzt in der Stadt voraus gesagt hatte, dann ging er vor sein Haus, er ging wieder in die Kirche, und zuletzt kam er auch wieder in das Steinkar, wandelte in den Hügeln herum, oder stand bei uns und schaute unsern Arbeiten zu.

Wie aber endlich alles ein Ende nimmt, so war es auch mit unserem langen Aufenthalte im Steinkar. Wir waren immer weiter vorgerückt, wir näherten uns der Grenzlinie unseres angewiesenen Bezirks immer mehr und mehr, endlich waren die Pflöcke auf ihr aufgestellt, es war bis dahin gemessen, und nach geringen schriftlichen Arbeiten war das Steinkar in seinem ganzen Abbilde in vielen Blättern in unserer Mappe. Die Stangen, die Pflöcke, die Werke wurden sofort weggeschafft, die Hütten abgebrochen, meine Leute gingen nach ihren Bestimmungen aus-

66

einander, und das Steinkar war wieder von diesen Bewohnern frei und leer.

Ich packte meinen Koffer, nahm von dem Pfarrer, von dem Schullehrer, von Sabine, von dem Mietsmann und seiner Tochter und von anderen Leuten Abschied, ließ den Koffer in die Hochstraße bringen, ging zu Fuße dahin, bestellte mir Postpferde, und da diese angelangt waren, fuhr ich von dem Schauplatze meiner bisherigen Tätigkeit fort.

Eines sehr seltsamen Gefühles muß ich Er-wähnung tun, das ich damals hatte. Es ergriff mich nämlich beinahe eine tiefe Wehmut, als ich von der Gegend schied, welche mir, da ich sie zum ersten Male betreten hatte, abscheulich erschienen war. Wie ich immer mehr und mehr in die bewohnteren Teile hinauskam, mußte ich mich in meinem Wagen umkehren und nach den Steinen zurückschauen, deren Lichter so sanft und matt schimmerten, und in deren Vertiefungen die schönen blauen Schatten waren, wo ich so lange verweilt hatte, während ich jetzt zu grünenden Wiesen, zu geteilten Feldern und unter hohe, strebende Bäume hinaus fuhr.

Nach fünf Jahren ergriff ich eine Gelegenheit, die mich in die Nähe brachte, das Steinkar wieder zu besuchen. Ich fand den Pfarrer in demselben zuweilen herum gehen, wie früher, oder gelegent-lich auf einem Steine sitzen und herum schauen. Seine klaren blauen Augen waren die nämlichen geblieben.

Ich zeigte ihm die Briefe, die ich von ihm emp-fangen, und die ich aufbewahrt hatte. Er bedankte sich sehr schön, daß ich auf jeden der Briefe ihm eine Antwort gesendet hätte, er freue sich der Briefe und lese oft in denselben. Er zeigte sie mir, da wir in seinem Stübchen wieder an dem fichtenen Tische beisammen saßen.

Die Zirder floß mit ihrem himmelblauen Bande

durch die Steine, diese hatten die graue Farbe, und der Sand lagerte zu ihren Füßen. Die grünen Streifen und die wenigen Gesträuche waren wie immer. In der Hochstraße war der Wirt, die Wirtin und fast auch ihre Kinder wie früher, ja die alten Gäste schienen an den Tischen zu sitzen, so sehr bleiben die Menschen die nämlichen, die in jenen Gegenden den Verkehr über die Anhöhe treiben.

Nach diesem Besuche in jener Gegend führte mich weder ein Geschäft mehr dahin, noch fand ich Zeit, aus freiem Antriebe wieder einmal das Kar zu besuchen. Viele Jahre gingen vorüber, und der Wunsch des Pfarrers, daß ihn Gott seines Zweckes willen lange leben lassen möchte, schien in Erfüllung gehen zu wollen. Alle Jahre bekam ich mehrere Briefe von ihm, die ich regelmäßig beantwortete, und die regelmäßig im nächsten Jahre wieder anlangten. Nur eins glaubte ich zu bemerken, daß die Buchstaben nämlich etwas zeigten, als zittere die Hand.

Nach langen Jahren kam einmal ein Brief von dem Schullehrer. In demselben schrieb er, daß der Pfarrer erkrankt sei, daß er von mir rede, und daß er gesagt habe: 'Wenn er es wüßte, daß ich krank bin.' Er nehme sich daher die Erlaubnis, mir dieses zu melden, weil er doch nicht erkennen könne, ob es nicht zu etwas gut sei, und er bitte mich deshalb um Verzeihung, daß er so zudringlich gewesen.

Ich antwortete ihm, daß ich seinen Brief als keine Zudringlichkeit ansehen könne, sondern daß er mir einen Dienst damit erwiesen habe, indem ich an dem Pfarrer im Kar großen Anteil nähme. Ich bitte ihn, er möge mir öfter über das Befinden des Pfarrers schreiben, und wenn es schlechter würde, mir dieses sogleich anzeigen. Und sollte Gott wider Vermuten schnell etwas Menschliches über ihn verhängen, so solle er

68

mir auch dieses ohne geringstes Versäumen melden.

An den Pfarrer schrieb ich auch zu seiner Beruhigung, daß ich von seiner Erkrankung gehört habe, daß ich den Schullehrer gebeten habe, er möge mir über sein Befinden öfter schreiben; ich ersuchte ihn, daß er sich nicht selber anstrengen möchte, an mich zu schreiben, daß er sich ein Bett in das Stübchen machen lassen solle, und daß sich, wie es ja auch in früheren Jahren geschehen sei, sein Unwohlsein in kurzer Zeit wieder heben könnte. Mein Beruf gestatte für den Augenblick keinen Besuch.

Er antwortete mir deßohngeachtet in einigen Zeilen, daß er sehr, sehr alt sei, daß er geduldig harre, und sich nicht fürchte.

Da der Schullehrer zwei Briefe geschrieben hatte, in denen er sagte, daß mit dem Pfarrer keine Veränderung vorgegangen sei, kam ein dritter, der meldete, daß derselbe nach Empfang der heiligen Sterbsakramente verschieden sei.

Ich machte mir Vorwürfe, setzte jetzt alles beiseite, und machte mich reisefertig. Ich zog das versiegelte Papier aus meinem Schreine hervor, ich nahm auch die Briefe des Pfarrers mit, die zur Erweisung der Handschrift dienen könnten, und begab mich auf den Weg nach Karsberg.

Als ich daselbst angekommen war, erhielt ich die Auskunft, daß ein Testament des Pfarrers in dem Schlosse gerichtlich niedergelegt worden sei, daß man ein zweites in seiner Verlassenschaft gefunden habe, und daß ich mich in zwei Tagen in dem Schlosse einfinden solle, um mein Testament vorzuzeigen, worauf die Öffnung und Prüfung der Testamente statt haben würde.

Ich begab mich während dieser zwei Tage in das Kar. Der Schullehrer erzählte mir über die letzten Tage des Pfarrers. Er sei ruhig in seiner Krankheit gelegen, wie in jener, da ich ihn so oft besucht habe. Er habe wieder keine Arznei genommen, bis der Pfarrer aus der Wenn, ein Nachbar des Pfarrers im Kar, welcher ihm die Sterbsakramente gereicht hatte, ihm dargetan hätte, daß er auch irdische Mittel gebrauchen, und es Gott überlassen müsse, ob sie wirkten oder nicht. Von dem Augenblicke an nahm er alles, was man ihm gab, und ließ alles mit sich tun, was man tun wollte. Er lag wieder in seinem Stübchen, wo man ihm wieder aus den Wolldecken ein Bett gemacht hatte. Sabine war immer bei ihm. Als es zum Sterben kam, machte er keine besondere Vorbereitung, sondern er lag wie alle Tage. Man konnte nicht abnehmen, ob er es wisse, daß er jetzt sterbe, oder nicht. Er war wie gewöhnlich, und redete gewöhnliche Worte. Endlich schlief er sanft ein, und es war vorüber.

Man entkleidete ihn, um ihn für die Bahre anzuziehen. Man legte ihm das Schönste seiner Wäsche an. Dann zog man ihm sein fadenscheiniges Kleid an, und über das Kleid den Priesterchorrock. So wurde er auf der Bahre ausgestellt. Die Leute kamen sehr zahlreich, um ihn anzuschauen; denn sie hatten so etwas nie gesehen; er war der erste Pfarrer gewesen, der in dem Kar gestorben war. Er lag mit seinen weißen Haaren da, sein Angesicht war mild, nur viel blässer als sonst, und die blauen Augen waren von den Lidern gedeckt. Mehrere seiner Amtsbrüder kamen, ihn zur Erde zu bestatten. Bei der Einsenkung haben viele der herbeigekommenen Menschen geweint.

Ich erkundigte mich nun auch um den Mietmann im ersten Stockwerke. Er kam selbst in das Vorhaus des Pfarrhofes herunter, in dem ich mich befand, und sprach mit mir. Er hatte fast keine Haare mehr, und trug daher ein schwarzes Käppchen auf seinem Haupte. Ich fragte nach seiner schönen Tochter, die damals, als sie in meiner Gegenwart öfter in das Krankenzimmer des Pfarrers gekommen war, ein junges, rasches Mädchen gewesen war. Sie war in der Hauptstadt verheiratet, und war Mutter von beinahe erwachsenen Kindern. Auch diese war in den letzten Tagen des Pfarrers nicht um ihn gewesen. Der Mietmann sagte mir, daß er jetzt wohl zu seiner Tochter werde ziehen müssen, da er bei der Wiederbesetzung der Pfarre gewiß seine Wohnung verlieren und im Kar keine andere finden werde.

Die alte Sabine war die einzige, die sich nicht geändert hatte, sie sah gerade so aus wie damals, als sie bei meiner ersten Anwesenheit den Pfarrer in seiner Krankheit gepflegt hatte. Niemand wußte, wie alt sie sei, und sie wußte es selbst nicht.

Ich mußte deshalb in dem Vorhause des Pfarrhofes stehen bleiben, weil das Stüblein und das neben dem Vorhause befindliche Gewölbe versiegelt waren. Die einzige hölzerne Bank, die Schlafstätte des Pfarrers, stand an ihrer Stelle, und niemand hatte an sie gedacht. Die Bibel aber lag nicht mehr auf der Bank, man sagte, sie sei in das Stüblein gebracht worden.

Als die zwei Tage vorüber waren, die man als Frist zur Eröffnung des Testamentes anberaumt hatte, begab ich mich nach Karsberg, und verfügte mich zur festgesetzten Stunde in den Gerichtssaal. Es waren mehrere Menschen zusammen gekommen, und es waren die Vorstände der Pfarrgemeinde und die Zeugen geladen worden. Die zwei Testamente und das Verzeichnis der Verlassenschaft des Pfarrers lagen auf dem Tische. Man wies mir meine Bescheinigung über den Empfang des Testamentes des Pfarrers vor, die in der Verlassenschaft gefunden worden war, und foderte mich zur Vorzeigung des Testamentes auf. Ich überreichte es. Man untersuchte Schrift und Siegel, und erkannte die Richtigkeit des Testamentes an.

Nach herkömmlicher Art wurde nun das gerichtlich niedergelegte Testament zuerst eröffnet und gelesen. Dann folgte das von mir übergebene. Es lautete Wort für Wort wie das erste. Endlich wurde das in der Wohnung des Pfarrers vorgefundene eröffnet, und es lautete ebenfalls Wort für Wort wie die beiden ersten. Die Zeitangabe und die Unterschrift war in allen drei Urkunden dieselbe. Sofort wurden alle drei Testamente als ein einziges, in drei Abschriften vorhandenes Testament erklärt.

Der Inhalt des Testamentes aber überraschte alle.

Die Worte des Pfarrers, wenn man den Eingang hinweg läßt, in dem er die Hilfe Gottes anruft, die Verfügung unter seinen Schutz stellt, und erklärt, daß er bei vollkommnem Gebrauche seines Verstandes und Willens sei, lauten so: 'Wie ein jeder Mensch außer seinem Amte und Berufe noch etwas findet oder suchen soll, das er zu verrichten hat, damit er alles tue, was er in seinem Leben zu tun hat, so habe auch ich etwas gefunden, was ich neben meiner Seelsorge verrichten muß: ich muß die Gefahr der Kinder der Steinhäuser und Karhäuser aufheben. Die Zirder schwillt oft an, und kann dann ein reißendes Wasser sein, das in Schnelle daher kömmt, wie es ja in den ersten Jahren meiner Pfarre zweimal durch Wolkenbrüche alle Stege und Brücken weggenommen hat. Die Ufer sind niedrig, und das am Kar ist noch niedriger als das Steinhäuser Ufer. Da sind drei Fälle möglich: entweder ist das Karufer überschwemmt, oder es ist auch das Steinhäuser Ufer überschwemmt, oder es wird sogar der Steg hinweggetragen. Die Kinder aus den Steinhäusern und Karhäusern müssen aber über den Steg ins Kar in die Schule gehen. Wenn

nun das Karufer überschwemmt ist, und sie von
dem Stege in das Wasser gehen, so können manche
in eine Grube oder in eine Vertiefung geraten
und dort verunglücken; denn das kotige Wasser
der Überschwemmung läßt den Boden nicht
sehen: oder es kann das Wasser, während die
Kinder in ihm waten, so schnell steigen, daß sie
das Trockene nicht mehr erreichen können und
alle verloren sind: oder sie können noch von dem
Steinhäuser Ufer auf den Steg kommen, können
das Wasser auf dem Karufer zu tief finden,
können sich durch Beratschlagen oder Zaudern
so lange aufhalten, daß indessen auch das Steinhäuser Ufer mit zu tiefem Wasser bedeckt wird;
dann ist der Steg eine Insel, die Kinder stehen
auf ihm, und können mit ihm fortgeschwemmt
werden. Und wenn auch dieses alles nicht geschieht, so gehen sie mit ihren Füßlein im Winter
in das Schneewasser, das auch Eisschollen hat,
und fügen ihrer Gesundheit großen Schaden
zu.

'Damit diese Gefahr in der Zukunft aufhöre,
habe ich zu sparen begonnen, und verordne, wie
folgt: von der Geldsumme, welche nach meinem
Tode als mein Eigentum gefunden wird, ver-
mehrt um die Geldsumme, welche aus dem
Verkaufe meiner hinterlassenen Habe entsteht,
soll in der Mitte der Schulkinder der Steinhäuser
und Karhäuser ein Schulhaus gebaut werden,
dann soll ein solcher Teil der Geldsumme auf
Zinsen angelegt werden, daß durch das Erträgnis
die Lehrer der Schule erhalten werden können,
ferner soll noch ein Teil nutzbringend gemacht
werden, daß aus den Zinsen die jährliche Ver-
gütung des Schadens entrichtet werden könne,
welchen der Schullehrer im Kar durch den
Abgang der Kinder erleidet, und endlich, wenn
noch etwas übrig bleibet, so soll es meiner
Dienerin Sabine gehören.

'Ich habe drei gleiche Testamente geschrieben, daß sie sicherer seien, und wenn noch was immer für eine Verfügung oder Meinung in meinem Nachlasse sollte gefunden werden, welche nicht den Inhalt und Jahres- und Monatstag dieser Testamente trägt, so soll sie ungültig sein.

'Damit aber in der Zeit schon die Gefahr vermindert werde, gehe ich alle Tage auf die Wiese am Karufer und sehe, ob keine Gräben, Gruben und Vertiefungen sind, und stecke eine Stange dazu. Den Eigentümer der Wiese bitte ich, daß er entstandene Gruben und Vertiefungen so bald ausebnen lasse, als es angeht, und er hat meine Bitten immer erfüllt. Ich gehe hinaus, wenn die Wiese überschwemmt ist, und suche den Kindern zu helfen. Ich lerne das Wetter kennen, um eine Überschwemmung voraussehen zu können und die Kinder zu warnen. Ich entferne mich nicht weit von dem Kar, um keine Versäumnis zu begehen. Und so werde ich es auch in der Zukunft immer tun.'

Diesen Testamenten war die Geldrechnung bis zu dem Zeitpunkte ihrer Abfassung beigelegt. Die Rechnung, die von dieser Zeit an bis gegen die Sterbetage des Pfarrers lief, fand man in seinen Schriften. Die Rechnungen waren mit großer Genauigkeit gemacht. Man ersah auch aus ihnen, wie sorgsam der Pfarrer im Sparen war. Die kleinsten Beträge, selbst Pfennige, wurden zugelegt, und neue Quellen, die unscheinbarsten, eröffnet, daraus ein kleines Fädlein floß.

Zur Versteigerung des Nachlasses des Pfarrers wurde der fünfte Tag nach Eröffnung des Testamentes bestimmt.

Da wir von dem Gerichtshause fort gingen, sagte der Mietmann des Pfarrers unter Tränen zu mir: "O wie habe ich den Mann verkannt, ich hielt ihn beinahe für geizig: da hat ihn meine Tochter viel besser gekannt, sie hat den Pfarrer immer sehr lieb gehabt. Ich muß ihr die Begebenheit sogleich schreiben."

Der Schullehrer im Kar segnete den Pfarrer, der immer so gut gegen ihn gewesen sei, und der sich so gerne in der Schule aufgehalten habe.

Auch die andern Leute erfuhren den Inhalt des Testamentes.

Nur die einzigen, die er am nächsten anging, die Kinder in den Steinhäusern und Karhäusern, wußten nichts davon, oder wenn sie es auch erfuhren, so verstanden sie es nicht, und wußten nicht, was ihnen zugedacht worden sei.

Weil ich auch bei der Versteigerung gegenwärtig sein wollte, so ging ich wieder in das Kar zurück, und beschloß, die vier Tage dazu anzuwenden, um manche Plätze im Steinkar und andern Gegenden zu besuchen, wo ich einstens gearbeitet hatte. Es war alles unverändert, als ob diese Gegend zu ihrem Merkmale der Einfachheit auch das der Unveränderlichkeit erhalten hätte.

Da der fünfte Tag herangekommen war, wurden die Siegel von den Türen der Pfarrerswohnung abgenommen, und die hinterlassenen Stücke des Pfarrers versteigert. Es hatten sich viele Menschen eingefunden, und die Versteigerung war in Hinsicht des Testamentes eine merkwürdige geworden. Es trugen sich auffallende Begebenheiten bei derselben zu. Ein Pfarrer kaufte einen unter den Kleidern des Verstorbenen gefundenen Rock, der das Schlechteste war, was man unter nicht zerrissenen Kleidern finden kann, um einen ansehnlichen Kaufschilling. Die Gemeinde des Kar erstand die Bibel, um sie in ihre Kirche zu stiften. Selbst die hölzerne Bank, die man nicht einmal eingesperrt hatte, fand einen Käufer.

Auch ich erwarb etwas in der Versteigerung, nämlich das kleine, aus Holz geschnitzte Kruzifix von Nürnberg und sämtliche noch übrigen so schönen und feinen Leintücher und Tischtücher.

75

Ich und meine Gattin besitzen die Sachen noch
bis auf den heutigen Tag, und haben die Wäsche
sehr selten gebraucht. Wir bewahren sie als ein
Denkmal auf, daß der arme Pfarrer diese Dinge
aus einem tiefen dauernden und zarten Gefühle
behalten und nie benutzt hat. Zuweilen läßt
meine Gattin die Linnen durchwaschen und
glätten, dann ergötzt sie sich an der unbeschreib-
lichen Schönheit und Reinheit, und dann werden
die zusammengelegten Stücke mit den alten,
ausgebleichten rotseidenen Bändchen, die noch
vorhanden sind, umbunden und wieder in den
Schrein gelegt. —

Nun stellt sich die Frage, was die Wirkung von
all diesen Dingen gewesen sei.

Die Summe, welche der Pfarrer erspart hatte,
und die, welche aus der Versteigerung seines
Nachlasses gelöst worden war, waren zusammen
genommen viel zu klein, als daß eine Schule daraus
hätte gegründet werden können. Sie waren zu
klein, um nur ein mittleres Haus, wie sie in jener
Gegend gebräuchlich sind, zu bauen, geschweige
denn ein Schulhaus mit den Lehrzimmern und
den Lehrerswohnungen, ferner den Gehalt der
Lehrer festzustellen und den früheren Lehrer zu
entschädigen.

Es lag das in der Natur des Pfarrers, der die
Weltdinge nicht verstand, und dreimal beraubt
werden mußte, bis er das ersparte Geld auf
Zinsen anlegte.

Aber wie das Böse stets in sich selber zwecklos
ist und im Weltplane keine Wirkung hat, das
Gute aber Früchte trägt, wenn es auch mit
mangelhaften Mitteln begonnen wird, so war es
auch hier: 'Gott bedurfte zur Krönung dieses
Werkes des Pfarrers nicht.' Als die Sache mit dem
Testamente und dessen Unzulänglichkeit bekannt
wurde, traten gleich die Wohlhabenden und
Reichen in dem Umkreise zusammen, und unter-

schrieben in kurzem eine Summe, die hinlänglich
schien, alle Absichten des Pfarrers vollziehen zu
können. Und sollte noch etwas nötig sein, so
erklärte jeder, daß er eine Nachzahlung leisten
würde. Ich habe auch mein Scherflein dazu
beigetragen.

War ich das erste Mal mit Wehmut von der
Gegend geschieden, so flossen jetzt Tränen aus
meinen Augen, als ich die einsamen Steine
verließ. —

Jetzt, da ich rede, steht die Schule längst in
den Steinhäusern und Karhäusern, sie steht in
der Mitte der Schulkinder auf einem gesunden
und luftigen Platze. Der Lehrer wohnt mit
seiner Familie und dem Gehilfen in dem Gebäude,
der Lehrer im Kar erhält seine jährliche Ent-
schädigung, und selbst Sabine ist noch mit einem
Teile bedacht worden. Sie wollte ihn aber nicht,
und bestimmte ihn im vorhinein für die Tochter
des Schullehrers, die sie immer lieb hatte.

Das einzige Kreuz, das für einen Pfarrer in dem
Kirchhofe des Kar steht, steht auf dem Hügel des
Gründers dieser Dinge. Es mag manchmal ein
Gebet dabei verrichtet werden, und mancher wird
mit einem Gefühle davor stehen, das dem Pfarrer
nicht gewidmet worden ist, da er noch lebte.

www.ingramcontent.com/pod-product-compliance
Ingram Content Group UK Ltd.
Pitfield, Milton Keynes, MK11 3LW, UK
UKHW042147280225
455719UK00001B/164

9 781107 652514